小学校・中学校国語科

「情報の扱い方」の全学年授業モデル

対話を通して育む「参照力」

森田 香緒里 編著

JN039379

明治図書

はじめに

　本書は，宇都宮大学共同教育学部と附属学校園との連携研究事業による「国語科プロジェクト」の実践研究の成果を元にしています。宇都宮大学共同教育学部の附属学校園では，地域・社会の教育研究，教員養成・研修等の機能強化を目指し，2018年より大学教員と附属学校園教員による「連携研究事業」を行っています。「小中学校の学びの連続性を考えた単元・授業づくり」「大学教員の知見を生かした授業実践・分析・評価」の２点を方策とし，各教科等に分かれ13のプロジェクト（研究部会）が組織されています。本書はその一つである「国語科プロジェクト」が開発した実践事例集です。

　国語科プロジェクトは，宇都宮大学共同教育学部附属小学校と中学校の国語科教諭，そして共同教育学部の教員（国語教育担当教員）とで組織されています。小学校と中学校では，当然ですが子どもの発達段階や実態が大きく異なります。授業づくりの理念や方策なども，小中でそれぞれ独自に開発・発展してきた経緯がありました。また大学教員も，実践後に「意味づけ」のような形で指導・助言することは従前からありましたが，授業構想の段階から理論面を支えつつ関わることはあまりありませんでした。

　こうした状況の中で「国語科プロジェクト」は2018年に発足しました。小学校・中学校・大学の教員らがそれぞれの実践知や知見を持ち寄りつつ，互いの研究方法をすり合わせながら，小中９年間を見通した共通の研究テーマを追究することになったのです。

　私たちはまず，小中９年間の言葉の学びの連続性と系統性をどのように捉え，何に焦点化して実践していくかについての議論から始めました。そこで出てきたのが「参照力」という新しい概念です。後で詳述しますが，これは高度に情報化された現代の言語環境の中で，子どもたちが主体的に読み書きしていくために必要な力だと私たちは考えています。

　GIGAスクール構想により，１人１台の情報端末を活用した実践が次々開発されています。教室で扱われる言語情報は多様化し，また他者とのコミュニケーションの質も変貌しつつあります。そのような中で，子どもたちがどのように他者の言葉と向き合いながら，主体的に自身の考えを形成し，表現に組み入れていくか。「参照力」を提案した背景には，こうした問題意識があります。私たちは小中それぞれの子どもの実態を踏まえながら，「情報の扱い方に関する事項」の領域を中心に授業実践を構想し試行してきました。読み書きの有り様も学習環境も変化し続けていますが，国語教室が他者とともに言葉を育む場であることは不易です。それが本書の基本姿勢となっています。

2023年９月

森田　香緒里

もくじ

1章 ／ 「情報の扱い方に関する事項」をどう指導するか
―「参照する力」を育む―

2章 ／ 小学校「情報の扱い方」の全学年授業モデル

3章 / 中学校「情報の扱い方」の全学年授業モデル

4章 / これからの時代の読み書きと「参照力」

「情報の扱い方に関する事項」をどう指導するか

― 「参照する力」を育む ―

1／学習環境の情報化と言葉の学び

　2019年に文部科学省が発表した「GIGA スクール構想」は、「１人１台端末と、高速大容量の通信ネットワークを一体的に整備することで、特別な支援を必要とする子供を含め、多様な子供たちを誰一人取り残すことなく、公正に個別最適化され、資質・能力が一層確実に育成できる教育 ICT 環境を実現する」ものとされています※1。2019年末からの新型コロナウイルス感染症の蔓延もあって１人１台端末の早期実現が目指され、学校や家庭のネットワーク環境の整備も急速に進みました。2022年に文部科学省が公表した「令和３年度学校における教育の情報化の実態等に関する調査結果（概要）では、教育用コンピュータ１台当たりの児童生徒数の平均が「0.9人」となっており、１人１台端末の普及はほぼ完了したと言えるでしょう※2。

　また一方で、2017年に改訂された学習指導要領では、「情報活用能力」が言語能力と同様に「学習の基盤となる資質・能力」と位置づけられ、学校の ICT 環境の整備とともに ICT を活用した学習活動の充実が求められるようになりました。もちろん国語科でも情報活用能力の育成が求められ、ICT を活用した様々な実践が開発され続けています。ここ数年の教育雑誌では毎月のように ICT 活用例が掲載され、教員研修でも教員養成課程においても、ICT 活用は必須テーマとなりました。

　ここまで書くと、本書も ICT を活用した国語科授業の開発を目指したものと思われるかもしれません。タイトルに「情報の扱い方に関する事項」が入っていますから、ICT をどう使うかに焦点を当てた内容だと想像されるでしょう。しかし本書で提案する実践例には、ICT を使ったものもあれば、そうでないものもあります。むしろ本書が重点を置くのは、読解や表現の対象となる言語情報を操作的に扱うような見方・考え方を養うことにあります。

　大学でも１人１台端末利用が推奨され、授業資料のペーパーレス化が進んでいます。学生の手元の PC には、教員から配布された授業資料、同じ授業を受ける受講生から出され共有された課題、ネットで調べた情報などが集まります。学生はそれらに目を通しながら授業に参加しなければなりません。もちろん大学は高等教育機関ですから、教室で教師から与えられるものだけが「学習材」ではないという点は、従来からそうでした。しかし彼らの PC には、受講生間で共有される双方向の情報、自分で入手する外部からの情報などが授業資料とともに保存され、全て同等の「学習材」として眼前に展開されます。しかもそれらが即時的に、かつ手元で大量に扱えるようになりました。

　学校でも学習環境の情報化が進み、似たような状況が拡大しつつあるように思います。子どもたちの手元の端末にはたくさんの情報が集まります。しかしそれは「情報」であって「学習材」ではありません。自分にとって必要なものは何か、目的に応じたものは何かを考えながら、情報を取捨選択し活用していかなければなりません。つまり、子どもたちが自ら情報を学習材

化していくことが求められるのです。そのためには，目の前の情報を「眺める」でもなく，「精読する」でもない扱い方をしなければなりません。

　そこで私たちは「参照する力」（以下，「参照力」）という概念を設定しました。「参照する」とは，辞書的には「何らかの情報に照らして確認する」という意味ですが，ここでは「他者の言説や情報を活用しながら自分の考えを形成し表現していく」というように，規約的に広く定義しています。つまり，他者の言説や情報をもとに自分の考えを形成したり，他者からの情報を組み込みながら自分の言いたいことを表現するという行為のことを，ここでは「参照する」と定義づけています。

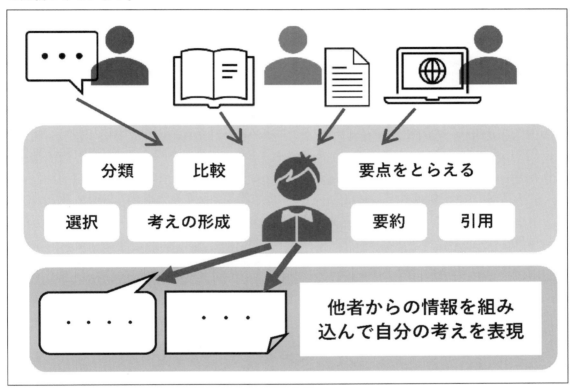

図1 「参照する力」のイメージ

　情報化された学習環境において，手元に集まる大量の言語情報をどう処理していくかについては，これまでにも情報活用能力育成の面から議論されてきました。情報を吟味し適切に選び取り，目的に応じて活用するという点では「参照力」と共通しています。しかし私たちが特に「参照力」に込めた問題意識は次の2点です。

（1）情報を活用し発信していくためには，その具体的な方法，つまり情報をどのように自身の表現に適切に組み込んでいくかについての方法も知らなければならない。

（2）「参照力」を構成する具体的で部分的な要素を抽出し，発達段階に応じた段階的な指

導を構想する。

　（1）について別の言い方をすれば、「多声的、複声的に表現する」方法を知るということになります。単声一つまり自分だけの考えや書きぶりだけで構成するのではなく、多声一つまり様々な他者の言説を組み込み、多彩で説得的な表現を意図的に行うということです。

　多声的に表現することについては、古代ローマの文法学校の表現指導でも行われていたことであり、特段新規なものではありません[※3]。論理構造を持つ文章の中に物語構造の文章を部分的に組み込んだり、自分の主張の文脈に即し主張を補強するような他者の文章（古典作品やエッセイなど）を適切な箇所に適切な量にして組み込む、といった訓練が行われていました。そのような訓練を通して、説得力のある情報配列を理解し構成の感覚を身につけること、また組み込むための情報を取材し選択することをねらっていたのです。

　また私たちの身近なところでも、例えば新聞コラムなどは、一編の中に時事や文献からの引用、筆者の考えなどが関連し合いながら構成されており、多声的な文章と言えます。私たちがよく使う「例証」という論証型式などは、具体例をあげて自身の主張の妥当性を証明するものですから、多声的であることを必然とします。もちろん「引用」という行為も多声的に書く上では必須となります。

　このように、「多声的に表現する」ことは既知の行為であり新しい提案ではありません。ただ本書では、それを意図的に行えるよう段階的に指導することを目指しています。多くの情報から自身の目的に適う情報を選び取り、それを基に自身の考えを形成し、必要な情報を組み込みながら表現を展開させていく力は、主体的・批判的に情報を扱っていくことが求められる現代において重要な力だと考えるからです。

　先述の問題意識(2)の「『参照力』を構成する具体的で部分的な要素を抽出し、発達段階に応じた段階的な指導を構想する。」についても、本書の独自性を示すものです。先ほど参照力を「他者の言説や情報を活用しながら自分の考えを適切に表現していく力」と述べましたが、これは複合的で高度な力であると言えます。私たちは小中9年間をかけて徐々に育成することを目指しました。そのためには、参照力を構成している具体的で部分的な要素を抽出し、児童生徒の発達に応じた段階的な学びの道筋を想定する必要があります。例えば他者の言説を引き合いに出しながら表現すると言っても、それができるためには、他者の言説の「要点を捉え」たり、必要な箇所を「引用」したり「要約」したり、またそれを「構成」したりといった複数の言語技能の習得が必要になります。

　そこで私たちは、「参照する」行為をいくつかの局面に分け、それぞれの局面で参照力に関わる諸技能を抽出しました。そして児童生徒の発達段階に合わせて、それらを段階的に、かつ系統的に扱えるよう配置することを目指しました。

2／「参照力」とは

「参照する」という行為を，大きく三つの局面に分けて考えてみます。他者の言説や情報を引き合いに出しながら自身の考えを表現するといっても，まずは情報を収集し整理する必要があります。次に収集した情報を取捨選択するためには，情報と情報との関係を捉えたり，情報を分析したりすることが必要になります。そして情報を活用し発信する際には，情報を自身の表現にどう組み込んでいくか，組み込み方や構成の仕方を理解しなければなりません。

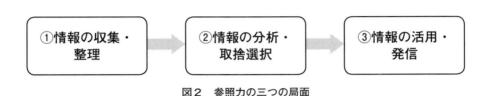

図2　参照力の三つの局面

まず①「情報の収集・整理」では，複数の情報を集めるだけでなく，それらを手際よく読むことが求められます。先述しましたが，1人1台端末の学習環境により，インターネットから多くの情報を得たり，クラスの友達の意見を容易に共有できたりするようになりました。これらの多量の情報を限られた時間で扱うには，「眺める」ではなく，また「精読する」でもない読み方をしなければなりません。何についての情報がどのように配列されているのか，自分にとって重要な情報はどこにどのように書いてあるのか，等について意識しながら読むことが求められます。

アドラーの『本を読む本』では，読書のレベルを「初級読書」「点検読書」「分析読書」「シントピカル読書」（比較読書）の四つに分けていますが[4]，ここでのイメージに近いものが「点検読書」です。「初級読書」は読み書きの初歩として位置づけられており，「分析読書」は細部を分析的に詳細に読むことを指し，いわゆる「精読」に近い読書法になります。これらに対し「点検読書」は時間を意識した読書法で，短い時間でさっと全体に目を通し，じっくり読むか否か，買うか否かを判断するための読み方です。これまでの国語教室であまり扱われることのなかった読書法と言えるでしょう。

本書ではこの「点検読書」にヒントを得て，「情報をまとまりで読むこと」を想定します。何がどのように書かれてあるかを捉え，情報と情報との関係を理解するためには，まず書かれてある情報をまとまりで捉えられなければなりません。どのような情報がひとまとまりとなって配列され展開されているのか，共通する部分や異なる部分はあるか，といったような観点で情報を大括りで捉え整理するような読み方がまず必要になります。

次に②「情報の分析・取捨選択」では，上記の情報のまとまりがどのような関係にあるのか

を理解することになります。中心となる情報は何か，結論と根拠（考えと理由）はどこか，自分にとって必要な部分はどこか，といったことを考える段階です。情報と情報との関係を理解し，目的に応じた選択を意識しながら分析を行う段階です。

これは本やインターネットの情報だけでなく，教室で友達の意見を扱う際にもあてはまります。友達の意見を聞いたり読んだりする際には，ただ順番に理解し共通・相違を確認するだけでなく，何を言いたいのかという中心を捉え，なぜそう言うのかという根拠を捉える必要があるからです。

さらに，③「情報の活用・発信」では，情報を自身の表現にどう組み込んでいくか，組み込み方や構成の仕方を理解しなければなりません。他者から得た情報を自身の表現に活用していくには，①情報をまとまりで捉え，②情報と情報との関係を理解するだけでなく，具体的な活用の方法を理解する必要があります。例えば，他者の言説や情報をどこにどの程度組み込めばいいのか，どのように組み込んで自身の考えを展開させるのか，どのように引用し本文とつなげていくのか，といった具体的な表現の方法を知らなければ活用できないでしょう。ここでは，要約する，引用する，構成を考える，といった言語技能が求められます。

このように「参照力」は，多声的な視点で読み，多声的に表現することを基本としています。「テクスト（text）」という語がラテン語の「織る」に由来するように，いくつもの情報の糸を捉え編み込んでいくような見方を求めています。すなわち，情報に対する操作的な見方・考え方を具体的な言語活動を通して養うことを目指しています。

3 「情報の扱い方に関する事項」との関連

ここで，「参照力」と「情報の扱い方に関する事項」との関連について述べます。「情報の扱い方に関する事項」は，2017年に改訂された学習指導要領において〔知識及び技能〕の中に新設されました。『中学校学習指導要領解説（平成29年告示）国語編』では，新設の理由について「急速に情報化が進展する社会において，様々な媒体の中から必要な情報を取り出したり，情報同士の関係を分かりやすく整理したり，発信したい情報を様々な手段で表現したりすることが求められている。」[※5]と述べ，情報化社会への対応をあげています。

そこでの「情報」は「話や文章に含まれている」ものと広く定義されており，情報媒体そのものというより，媒体によって伝達される中身の方を対象としています。話や文章に含まれる「情報」は，発信者によって意図的に編集され表現されているため，受け手側はそれを正確かつ批判的に読み取り，また送り手側は適切に表現していくことが求められます。情報化への対応という点，また他者からの情報をどう受け止め活用するかという点において，「情報の扱い方に関する事項」は参照力と多分に重なるものと言えます。

また「情報の扱い方に関する事項」は，「情報と情報との関係」に関する指導事項（ア）と，「情報の整理」に関する指導事項（イ）の二つで構成されています。小学校と中学校の指導事項をそれぞれ以下に示します。

〔小学校〕

	第1学年及び第2学年	第3学年及び第4学年	第5学年及び第6学年
情報と情報との関係	ア　共通，相違，事柄の順序など情報と情報との関係について理解すること。	ア　考えとそれを支える理由や事例，全体と中心など情報と情報との関係について理解すること。	ア　原因と結果など情報と情報との関係について理解すること。
情報の整理		イ　比較や分類の仕方，必要な語句などの書き留め方，引用の仕方や出典の示し方，辞書や事典の使い方を理解し使うこと。	イ　情報と情報との関係付けの仕方，図などによる語句と語句との関係の表し方を理解し使うこと。

〔中学校〕

	第1学年	第2学年	第3学年
情報と情報との関係	ア　原因と結果，意見と根拠など情報と情報との関係について理解すること。	ア　意見と根拠，具体と抽象など情報と情報との関係について理解すること。	ア　具体と抽象など情報と情報との関係について理解を深めること。
情報の整理	イ　比較や分類，関係付けなどの情報の整理の仕方，引用の仕方や出典の示し方について理解を深め，それらを使うこと。	イ　情報と情報との関係の様々な表し方を理解し使うこと。	イ　情報の信頼性の確かめ方を理解し使うこと。

　このように指導事項を見ると，「ア　情報と情報との関係」はどちらかというと情報の理解に関わることが想定されており，一方「イ　情報の整理」は情報の活用や発信に関わることが想定されていることがわかります。

　これに対し本書の「参照力」は，先ほど述べた三つの局面（①情報の収集・整理，②情報の分析・取捨選択，③情報の活用・発信）を想定しています。「①情報の収集・整理」は，「ア　情報と情報との関係」と部分的に関連しますが，「イ　情報の整理」とも部分的に関連します。情報と情報との関係を捉えるには，まず大括りで情報を整理する必要があると考えるからです。このように本書では，「イ　情報の整理」を段階的に分けて捉えています。

また，「②情報の分析・取捨選択」は主に「ア　情報と情報との関係」に関わりますが，小学校では部分的に「イ　情報の整理」とも関わります。そして「③情報の活用・発信」は主に「イ　情報の整理」に関わりますが，本書ではさらに自身の表現にどう情報を組み込んでいくかという具体的な内容までを想定しています。こうした共通点や違いからわかるように，「参照力」は目指すところや指導事項の点で多分に「情報の扱い方に関する事項」と重なりますが，「参照力」を構成する具体的な要素や，情報活用に必要な言語技能を視野に入れて育成すべき段階を想定している点が異なっています。２章以降の実践例でも，こうした「情報の扱い方に関する事項」との共通点や違いが反映されています。

4 小学校・中学校9年間を見通した系統的な学び

　参照力をつけるための小中9年間の学びの姿の段階について，児童生徒の発達段階を考慮し表1のように設定しました。これは，「情報の扱い方に関する事項」の内容を視野に入れながら，「参照」に関わる諸技能を段階的・系統的に扱えるよう意図したものです。「情報の扱い方に関する事項」と重なる部分も多くありますが，それぞれの段階には原則として，情報に対する操作的な見方・考え方に関わる認知的側面と，情報活用に関わる言語活動の側面とが含まれています。9年間を通して段階的に参照力を育成していけるよう配置しました。

表1　「参照力」育成のための段階的な学びの姿

小学校	中学校
【第1段階】 ・情報を理解し，共通点や相違点を考える。 ・情報の順序について理解する。 【第2段階】 ・情報を比較し分類する。 ・自分の考えや表現に必要な情報を選択する。 【第3段階】 ・情報と情報とのつながりや関係を捉える。 ・自分の表現や目的に応じた情報の組み込み方を理解する。	【第1段階】 ・意見と根拠を区別して捉える。 ・情報を比較し分類する。 【第2段階】 ・情報と情報との様々な関係を捉える。 ・効果的な表現を想定し，情報と自分の表現との関連性を吟味する。 【第3段階】 ・情報の信頼性の確かめ方について理解する。 ・情報を適切に示しながら，論理的に自分の考えを展開する。

　ただし，言葉の力の習得には反復性や他の諸技能との関連性があるので，同じ文言が複数出

てくる箇所もあります。またあえて学年は限定せず，目安として「段階」を設けて柔軟に単元開発ができるようにしました。2章・3章の授業実践例では，それぞれ冒頭で表1のどの段階を目指した単元なのかが示されています。小中9年間の学びの道筋と系統性をできるだけ意識して，それぞれ授業実践を行いました。

　加えて2章・3章では，各単元における「情報」として何を想定したかについて項目化し具体的に提示しています。例えば「情報と情報との関係」と言っても，それがどの媒体のどのような内容のことを指すのかについて具体的に想定されていないと，学習材として児童生徒に提示したり共有させたりすることができません。私たちは授業実践を構想するにあたり，国語科における「情報」とは何か，ということについても繰り返し議論してきました。

　これまで述べてきた通り，本書は「参照力」を育成することを目指した試みですが，同時に「情報の扱い方に関する事項」に焦点を当てた実践例にもなっています。「情報の扱い方に関する事項」における「情報」とは何か，「情報の扱い方」とは具体的に何をどう扱うのか，小中9年間を見通した系統性をどう考えるか，といった点について特に試行錯誤してきました。

　また，単元開発にあたっては，対話的な学習活動を意図的に設定するようにしました。2章・3章の各単元では，「対話的な学習活動」も項目化してそれぞれ明記しています。情報に対する操作的な見方・考え方を，対話的な学習活動を通して養うことを目指したのです。情報をどのように扱うかについての方法知は，国語教室で得たものもあれば，日常生活で得たものもあるでしょう。友達と相談しながらタブレット上で付箋をグルーピングする等の活動を設定することで，情報の扱い方を視覚的に共有したり相対化したりすることをねらいました。

　他にも，〔思考力，判断力，表現力等〕の各領域で情報を扱うことが必然となるような学習活動を設定し，児童生徒が意欲的に様々な情報に向き合えるような工夫を行いました。小学校と中学校でそれぞれ工夫や重点の置き方は異なりますが，各単元から実際の内容と成果についてご覧いただければと思います。

（森田　香緒里）

〈注〉
※1　文部科学省リーフレット「GIGA スクール構想の実現へ」
　　　https://www.mext.go.jp/content/20200625-mxt_syoto01-000003278_1.pdf
※2　文部科学省「令和3年度学校における教育の情報化の実態等に関する調査結果（概要）（令和4年3月1日現在）」
　　　https://www.mext.go.jp/content/20221027-mxt_jogai02-000025395_100.pdf
※3　古代ギリシャ・ローマ時代の文法学校で行われていたとされる作文練習法「プロギュムナスマタ」では，その課程の多くで多声的な文章を書く練習が設定されていたとされる。
　　　「プロギュムナスマタ」については，以下の文献を参照した。
　　　・香西秀信・中嶋香緒里（2004）『レトリック式作文練習法―古代ローマの少年はどのようにして文章の書き方を学んだか―』明治図書出版
　　　・森田香緒里（2019）「文章表現指導における作文技術の系統性に関する研究―『プロギュムナスマタ』の検討を中心に―」宇都宮大学国語教育学会『宇大国語論究』第29号，pp.85-98
※4　M・J・アドラー他著，外山滋比古他訳（1997）『本を読む本』講談社
※5　文部科学省（2018）『中学校学習指導要領解説（平成29年告示）国語編』東洋館出版社，p.22

2 章

小学校
「情報の扱い方」の
全学年授業モデル

オリジナルおおきなかぶをつくろう

小学校第1段階		小学校第2段階		小学校第3段階	
共通・相違	順序	比較・分類	選択	情報のつながりや関係	情報の組み込み方

1 本単元における「情報」の具体

　本単元では「登場人物を変えた『オリジナルおおきなかぶ』を作り，友達と感想を伝え合う」という言語活動を設定した。そのため，**【登場人物に関わる叙述，関係性，挿絵の様子】**を本単元における「情報」とした。

　この「情報」を基に，「おおきなかぶ」では，なぜこの順序で登場人物がやってきたのか想像したり，「オリジナルおおきなかぶ」では，どのような登場人物をどの順序で登場させるかを考えたりすることができるようにした。

2 対話的な学習活動と情報の扱い方

　本単元では，お話の流れを理解し，登場人物の大きさや強さなどの順序を捉えて発言等をしている姿を，子どもが順序性に気付いている状態と想定した。

　そこで，子どもたちが楽しみながら順序に気付くことができるよう「オリジナルおおきなかぶ」を楽しんで作る活動を設定した。「オリジナルおおきなかぶ」を作る際に，登場人物の順序を考えたり，友達が作った「オリジナルおおきなかぶ」を聞き感想を述べる対話的な学習活動の際に，登場人物の順序性に気付いたりすることができるように単元を計画した。

3 単元の指導目標

(1) 登場人物について，順序性を見付けることができる。　　　　　　〔知識及び技能〕(2)ア

(2) 自分や友達が考えたお話について，質問したり感想を伝えたりすることができる。

〔思考力，判断力，表現力等〕A (1)オ

(3) 「おおきなかぶ」の繰り返しと変化の構造に気付くことができる。

〔思考力，判断力，表現力等〕C (1)イ

(4) お話を作る際，「おおきなかぶ」で気付いたことを基にどのような登場人物がよいか考えたり，その登場順を決めたりしている。また，友達の作ったお話を楽しみ，進んで感想を伝えようとする。　　　　　　　　　　　　　　　　　　　**「学びに向かう力，人間性等」**

4 単元の評価規準

知識・技能	思考・判断・表現	主体的に学習に取り組む態度
①登場人物について，順序性を見付けている。((2)ア)	①「話すこと・聞くこと」において，自分や友達が考えたお話について，質問したり感想を伝えたりしている。(A(1)オ) ②「読むこと」において，「おおきなかぶ」の繰り返しと変化の構造に気付いている。(C(1)イ)	①お話を作る際，「おおきなかぶ」で気付いたことを基にどのような登場人物がよいか考えたり，その登場順を決めたりしている。また，友達の作ったお話を楽しみ，進んで感想を伝えようとしている。

5 単元の指導計画（全9時間）

次	時	主な学習活動
1	1	・「おおきなかぶ」の読み聞かせを聞く。感想を話し合い，音読する。
	2	・「おおきなかぶ」の叙述や，登場人物の関係性，挿絵の様子を手がかりにしながら，登場人物の順序について話し合う。
	3	・複数の人物が登場する，繰り返しのあるお話の読み聞かせを聞く。
2	4	・教師の作った「オリジナルおおきなかぶ」の読み聞かせを聞く。「おおきなかぶ」を基に，自分でお話を作るという学習課題について理解する。お話の登場人物を考える。
	5	・登場人物を選び，登場の順番を考える。
	6 7	・タブレット端末で紙芝居を作り，自分が考えた「オリジナルおおきなかぶ」のお話を書いたり読んだりする。
3	8 9	・自分が考えた「オリジナルおおきなかぶ」のお話を友達に伝えたり，友達のお話を聞いたりする。お話を読んだ感想を話し合う。

授業の実際と指導の工夫・成果

第 2 時	「おおきなかぶ」の叙述や，登場人物の関係性，挿絵の様子を手がかりにしながら，登場人物の順序について話し合う。

○「おおきなかぶ」の順序について話し合う

　「おおきなかぶ」の挿絵を，登場人物ごとに場面分けしたものをばらばらに提示した。お話の順序を子どもたちに問いかけ，登場人物の順序をノートに書き，確認した。

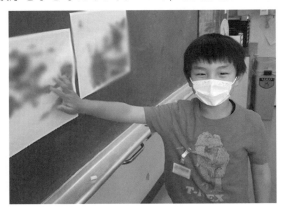
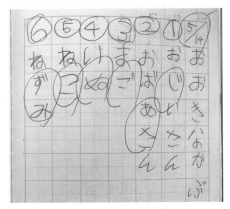

第 3 時	複数の人物が登場する，繰り返しのあるお話の読み聞かせを聞く。

○並行読書

　より順序を意識することができるよう，登場人物に順序性があるお話に触れられるようにした。読み聞かせしたのは以下の本である。

『**あつい　あつい**』（作：垂石眞子　出版社：福音館書店）

　登場人物の順序：ペンギン→アザラシ→カバ→ゾウ

『**ねずみくんのチョッキ**』（作：なかえよしを　絵：上野紀子　出版社：ポプラ社）

　登場人物の順序：ねずみ→アヒル→さる→アシカ→ライオン→馬→ゾウ

『**てぶくろ**』（作：ウクライナ民話　絵：エウゲーニー・M・ラチョフ　訳：内田莉莎子　出版社：福音館書店）

　登場人物の順序：ねずみ→カエル→うさぎ→きつね→オオカミ→イノシシ→クマ

　並行読書のお話を，実物投影機を使って読み聞かせした。「てぶくろ」は，登場人物が増え，その体格が大きくなるたびに「もう無理でしょ。入れないよ」など，歓声を上げて楽しんでい

た。文章の長さもちょうどよく，様々な登場人物が出てくることを楽しみながら聞くことができた。「ねずみくんのチョッキ」では，チョッキを貸し出す相手が登場するたび大きくなっていくため，「貸しちゃダメ！」「やめたほうがいいよ」と声を上げながらお話に浸っていた。

　この読み聞かせでは，「だんだん大きくなっていくのが面白かった」「心配だった」という子どもの感想があり，他の子どもも「そうそう」とうなずいていた。

第 5 時　登場人物を選び，登場の順番を考える。

○イラストの中から登場人物を選ぶ

　「おおきなかぶ」と同じように登場人物は最大6人までとして，自分の「オリジナルおおきなかぶ」の登場人物を選び，登場順を並べながら試していった。

　試している際，「海の仲間で並べたい」「大きくしてかぶを抜きたい」など，登場人物の順序性，関係性を意識して並べている様子であった。ある子どもに，イルカとアザラシの順序を逆にしてはどうかと問いかけると「大きいのから小さくしたい」と大きさの順序を意図して並べている姿が見られた。

第6・7時　タブレット端末で紙芝居を作り，自分が考えた「オリジナルおおきなかぶ」のお話を書いたり読んだりする。

①「オリジナルおおきなかぶ」のお話を書く

　登場人物がどの順に出てくるのか理解できるよう，記入すべきところを登場人物別に色分けした「オリジナルおおきなかぶ」のワークシートを作成した。このワークシートに自分が選んだ登場人物を書いていき，お話を完成させることができるようにした。

②タブレット端末の写真機能で紙芝居を作る

　ワークシートのお話が完成した子どもから，タブレット端末を使って撮影をしていった。

　撮影が終わった子どもは，確認も兼ねて写真を見ながら音読の練習をするようにした。

第8・9時　自分が考えた「オリジナルおおきなかぶ」のお話を友達に伝えたり，友達のお話を聞いたりする。お話を読んだ感想を話し合う。

①「オリジナルおおきなかぶ」発表会

　作成したタブレット端末の紙芝居を使って，自分が考えた「オリジナルおおきなかぶ」のお話を友達に伝える発表会を行った。

　１年生の５月という発達段階での話し合いでは，「相手の話を聞き，感想を相手に伝えること」「相手の発言を受けて，返答をすること」が相応であると考えた。

　そのため，相手のお話に対して共感したり，そのよいところを伝えたりすることができるよう，感想のモデルを示したり，励ましの声をかけたりしながら授業を進めるようにした。

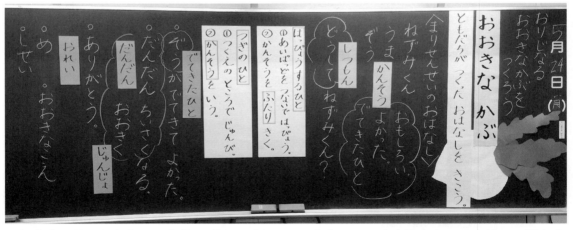

　発表会で子どもたちは，自分の「オリジナルおおきなかぶ」を音読したり，友達のお話をよく聞き，感想を述べたりすることができた。

　発表会の序盤では，子どもたちは音読することや聞くことで精一杯である様子であった。徐々に「楽しかった」「よかった」等の共感を示す感想を発言する子どもが増えていった。

　「だんだん大きくなったのが面白かったです」など，登場人物やその順序性に注目して感想を述べている子どももいた。この子どもの感想を全体で紹介することで，順序に着目して友達のお話を聞いたり，その順序の面白さについて感じたりすることができるようにした。

　9時間目では，「最後が小さかったのが面白かったです」など，順序に着目した感想も増えていった。質問はあまり見られなかったが，お話を聞いている際に，「どうして○○なの？」などのつぶやきがあった。「どうして○○なの？」を伝えることも，お話を聞き合う楽しさであることを徐々に実感できるようにしたい。

②「オリジナルおおきなかぶ」発表会の振り返り

　子どもたちのノートの振り返りには，友達のお話を聞くことと，感想を言うことに対して頑張ったという記述が多かった。また，「だんだん大きくなった」など，順序性について気付いたことを書いている子どもも見られた。

　子どもたちが作った作品を見てみると，学習した「おおきなかぶ」の順序と同じように，体の大きさに着目した順序が多かった。中には，だんだん大きくなるが，最後の登場人物だけは小さい体の大きさにするなど，順序に変化を加えていた子どももいた。また，水の生き物など，似た動物を集めている子どもも多かった。

　友達の作品を聞くことで，多様な順序付けの観点があることを認識できたことが成果であると考える。

（見目　真理）

おきにいりののりものしょうかいをしよう

小学校第1段階	小学校第2段階	小学校第3段階	

共通・相違	順序	比較・分類	選択	情報のつながりや関係	情報の組み込み方

1／ 本単元における「情報」の具体

　本単元では，**【乗り物の「役目」「造り」「できること」について書かれた語や文】**を，「情報」とした。複数の本から自分のお気に入りの乗り物を見付けて紹介するという言語活動を設定した。自分自身が「すごい！」「かっこいい！」「友達に教えたい！」と思った，お気に入りの乗り物の特徴（＝情報）について，乗り物紹介シートにまとめていく。「ショベルカーのバケットには土を砕く長いつめがある」等の情報を交流する中で，ねらいにせまっていく。

2／ 対話的な学習活動と情報の扱い方

　本単元における主な対話的な学習活動の場は，各々が作成した「乗り物紹介シート」を基に自分のお気に入りの乗り物をペアや全体で紹介し合う場である。ペア活動では，短い時間でローテーションし，複数の友達とシートにまとめた乗り物の特徴について紹介し合ったり，気になったことについて質問し合ったりした。全体では，ペア紹介で特に気になった友達の乗り物について紹介し合う中で，情報同士の共通点や相違点を見出し，共有していけるようにした。以上の過程で，情報の扱い方(2)ア「共通・相違の関係」を理解できるようにした。

3／ 単元の指導目標

(1) 乗り物について書かれた文章を「役目」「造り」「できること」の観点から読み，乗り物同士の共通点や相違点について理解することができる。　〔知識及び技能〕(2)ア

(2) 複数の本や資料を読み，乗り物の「役目」「造り」「できること」について書かれた文章から，大事な語や文を選んでシートにまとめることができる。

〔思考力，判断力，表現力等〕C (1)ウ

(3) お気に入りの乗り物を紹介し合うことを通して，様々な乗り物の特徴や互いの思いを共有することができる。　〔思考力，判断力，表現力等〕C (1)オ

(4) 乗り物に関心を持ち，お気に入りの乗り物紹介に向けて進んで文章を読んだり，特徴をシートにまとめたりしようとする。　〔学びに向かう力，人間性等〕

4 単元の評価規準

知識・技能	思考・判断・表現	主体的に学習に取り組む態度
①乗り物について書かれた文章を「役目」「造り」「できること」の観点から読み，乗り物同士の共通点や相違点について理解している。((2)ア)	①「読むこと」において，複数の本や資料を読み，乗り物の「役目」「造り」「できること」について書かれた文章から，大事な語や文を選んでシートにまとめている。(C(1)ウ) ②「読むこと」において，お気に入りの乗り物を紹介し合うことを通して，様々な乗り物の特徴や互いの思いを共有している。(C(1)オ)	①乗り物に関心を持ち，お気に入りの乗り物紹介に向けて進んで文章を読んだり，特徴をシートにまとめたりしようとしている。

5 単元の指導計画（全10時間）

次	時	主な学習活動
1	1	・教師が本を基に作成した「乗り物紹介シート」を見たり，紹介を聞いて内容について質問したりしながら，学習の見通しを持つ。 ・様々な乗り物に関する本を読み始める。
2	2	・教材文を読み，客船についてカードにまとめる。
	3	・客船とフェリーボートを読み比べて気付いたことを話し合い，フェリーボートについてシートにまとめる。
	4	・漁船と消防艇を読み，シートにまとめ，4種類の船の特徴について話し合う。
	5 6	・前時までにまとめた4種類の船や，その他様々な種類の船の本や資料を読み，友達に紹介したい「1番お気に入りの船」を選ぶために，シートを作成する。
	7	・自分が選んだお気に入りの船のシートを基に，友達に紹介する。
3	8 9	・2次までに学習したことを生かして，工事車両や電車など様々な乗り物の本を読み，友達に紹介したいお気に入りの乗り物を選ぶために，シートを作成する。
	10	・自分が選んだお気に入りの乗り物のシートを基に，友達に紹介する。

第 4 時	漁船と消防艇を読み，シートにまとめ，4種類の船の特徴について話し合う。

①教科書の本文を読み，前時までに学習したことを基にしながら，漁船と消防艇について，シートにまとめる

2次の第1時において，客船についてシートにまとめる活動を行った。前提として，本文に紹介されている乗り物の名前を順番にノートに書き出したり，教師の例示シートを見て，どんなことが書かれているか発表し合ったりすることで，本文には「客船・フェリーボート・漁船・消防艇」の4種類の船が紹介されていることや，「役目」「造り」「できること」に関する船の特徴が説明されていることを理解した。

前時には，客船とフェリーボートを読み比べて気付いたことを話し合い，フェリーボートについてシートにまとめる活動を行った。「『〜はこぶためのふね』って書いてあるから，フェリーボートも最初は『役目』だよ」，「同じ色には同じ言葉が使われているな」，「どっちも『役目→造り→できること』の順番で書いてあるね」といった気付きが見られた。まさに言葉による見方・考え方を働かせている場面であった。

そして本時。前時までの学習を基に，漁船と消防艇の「役目」「造り」「できること」に関する言葉を本文から見付け，シートにまとめていった。まとめる過程では，個人とペア活動を繰り返し取り入れ，書き抜いた言葉が適切か確かめ合ったり，うまく言葉を見付けられず悩んでいる子が相談したり，完成したシートから自由に船の感想を伝え合ったりする時間を設けた。

②完成したシートを基に，二種類の船について話し合う

それぞれ見付けた「役目」「造り」「できること」に関する言葉について発表し合った後，そ

れらの言葉の妥当性や，二つの船の
どちらがお気に入りかについて話し
合った。「漁船と消防艇，どっちが
お気に入りかな」と問うと，漁船が
10名，消防艇が18名であった。

T：どうして漁船の方がお気に入
　りなの。

C：「造り」で，「さかなのむれを
　見つけるきかい」がついてい
　るから。

T：どんな機械なんだろうね。

C：レーダーがついていて，魚がいるところを感知するんだよ。

T：へえ。よく知っているね。消防艇にはついてないの。

C：ついてない。

C：「ポンプやホースをつんでい
　る」んだよ。

T：どうして？

C：海の水を吸い込んでホースで
　水を出すんだよ。

T：本当だ。写真に写っている消
　防艇もたくさん水を出してい
　るね。漁船と消防艇の「造
　り」って，こうやって比べて
　みると，みんなどう？

C：ぜんぜんちがう！

**③②の話し合いから，シートにまとめた四種類の船について，同じところや違うところについ
　て話し合う**

　「どんなところがお気に入りか」について，漁船と消防艇を観点同士で比べたことから，こ
れまでシートにまとめた四種類の船の共通点・相違点について話し合う場を設けた。

　このように，いきなり「同じところ，違うところはどこか」という問いを投げかけるのでは
なく，「お気に入りの船をシートにまとめて紹介する」という学習課題の解決に向かう過程の
中で，「お気に入りはどれか」「それはなぜか」「お気に入りが決まらない，迷っているとした
ら，同じ観点で比べたり，比べたことについて友達と話し合ったりする」などの問いや活動を

設定しながら、「共通・相違」という視点で目の前の情報を見つめる力を養っていった。

第 7 時　自分が選んだお気に入りの船のシートを基に、友達に紹介する。

①前時を振り返り、本時の見通しを持つ

　第7時は、「1ばん　おきにいりのふねを　しょうかいしよう」というめあてのもと、学習を行った。まず、教科書教材で学んだ四種類の船や自分が選んだ船の「役目」「造り」「できること」の3観点に着目するよう促すことで、特徴の違いを明確にしてお気に入りの船を紹介できるようにした。学級を予めA・B、2グループに分け、グループごとに異なる船を選択肢として与えた。本時までどんな船を選んだのかわからない友達の紹介を聞いてみたい、自分の船を友達に紹介したいという本時の学習への意欲を高められるようにするためである。A・Bそれぞれの船は以下の通りである。

【Aグループの船】

　清掃船　　水上バス　　水中観光船　　地球深部探査船　　LNG船　　タグボート

【Bグループの船】

　コンテナ船　　水中翼船　　帆船　　クレーン船　　南極観測船　　潜水調査船

②シートを使って自分が選んだ船をペアの友達に紹介する

　ペアになって友達の紹介に対して気になったことや、さらに知りたいことについて3観点の中から質問したり、それらを受けて回答したりする場を複数回設けることで、互いのお気に入りの理由に共感し合ったり、相手が選んだ船の特徴に気付き、互いに選んだ乗り物の共通点や相違点を理解したりすることができるようにした。ペアでの紹介に入る前に、例示を行い、紹介の形態やシートの活用の仕方、質疑応答の仕方について理解できるようにした。教師が紹介したのは、「レストラン船」。どちらのグループの選択肢にもなかったため、紹介を終えると、

「(レストラン船の特徴を聞いて) なんか, 幸せ」「ずるーい。僕もそれ紹介したかった！」などの声が上がった。紹介への意欲が高まったようである。

　実際の紹介は, Aの子対Bの子のペアで3回相手を変えてローテーションして行った。

③ペアで紹介し合ったことについて全体で話し合う

　ペアでの紹介を基に, 全体で話し合う場を設けることで, 同じグループや紹介し合っていない相手グループの友達の船の特徴や共通点, 相違点に気付くことができるようにした。右は, 本時の板書である。友達の紹介を聞いた感想やその理由を尋ねたり, 発言を「役目・造り・できること」の3観点に分類し, 乗り物への思いを上段へ板書したりしながら発言を整理したりすることで, 考えの違いや共通点, 相違点について視覚的に理解できるようにした。

　T：友達の選んだ船はどうでしたか？　「すごい！」とか「いいな！」と思った船あった？
　C：水上バスの「できること」で, 同じ時間に走れるのがすごい, と思った。
　T：水上バス選んだ人, とても多かったよね。他には？
　C：「造り」で天井がガラスでできているのがすごい。海の中も見てみたい。
　T：他に, 似ている船紹介した人いなかったっけ？
　C：「水中観光船」で, 「造り」が船の下に部屋がある。魚やエイも見られる。
　T：この二つ, 似てるね。どんなところが似ている？
　C：景色を見られるところが似ている。…

　このように, 互いの紹介を聞いて「すごい」「いいな」「びっくりしたこと」などを発表し合う中で, 子どもの発言をつなげ, 共通点・相違点に新たに気付いたり, ペア交流で気付いたことを明確にしたりできるようにした。

(綱川　真人)

むかしばなしとおともだち

小学校第1段階		小学校第2段階		小学校第3段階	
共通・相違	順序	比較・分類	選択	情報のつながりや関係	情報の組み込み方

1／ 本単元における「情報」の具体

　本単元では，「似ている二つの昔話の登場人物の会話を考え，仲良しカードにまとめる」という言語活動を設定した。仲良しカードとは，似ている二つの昔話の共通点を丸で囲み，線でつなげたり，二つの昔話の登場人物が，お互いの似ているところを話し合う台詞を考えたりするカードである。

　この仲良しカードにおいて，本単元における情報である**【昔話の大筋に関わる登場人物の行動や会話，場面の様子の叙述，挿絵】**を手掛かりとしながら，二つの昔話の似ているところや異なるところを見付けることができるようにした。似ているところや異なるところを見付ける中で，誰がどうして，どうなったかなど，物語の登場人物や主な出来事，結末を大掴みに捉えられるようにした。

2／ 対話的な学習活動と情報の扱い方

　似ている二つの昔話の共通点・相違点を見付け，仲良しカードに書くようにした。また，友達と話し合いながら共通点・相違点を見付けることで，自分だけでは見付けられなかった共通点・相違点にも気付くことができるようにした。

3／ 単元の指導目標

(1) 対になる昔話の共通点・相違点を見付けることができる。　　　　〔知識及び技能〕(2)ア

(2) 複数の昔話の読み聞かせを聞いたり，自分で読んで楽しんだりすることができる。

　　　　　　　　　　　　　　　　　　　　　　　　　　　　　　　〔知識及び技能〕(3)ア

(3) 対になる昔話の登場人物や出来事，結末を捉え，登場人物同士の会話を考えて仲良しカードにまとめることができる。　　　　　　　　**〔思考力，判断力，表現力等〕**C (1)イ

(4) 進んで昔話を読んで楽しもうとしたり，対になる昔話の登場人物の会話を考えて仲良しカードにまとめようとしたりする。　　　　　　　　　　　**「学びに向かう力，人間性等」**

4 / 単元の評価規準

知識・技能	思考・判断・表現	主体的に学習に取り組む態度
①対になる昔話の共通点・相違点を見付けている。((2)ア) ②複数の昔話の読み聞かせを聞いたり，自分で読んで楽しんだりしている。((3)ア)	①「読むこと」において，対になる昔話の登場人物や出来事，結末を捉え，登場人物同士の会話を考えて仲良しカードにまとめている。(C(1)イ)	①進んで昔話を読んで楽しもうとしたり，対になる昔話の登場人物の会話を考えて仲良しカードにまとめようとしたりしている。

5 / 単元の指導計画（全7時間）

次	時	主な学習活動
1	1	・知っている昔話について話し合う。 ・「さるかにがっせん」の読み聞かせを聞き，感想を話し合う。
1	2	・「こんや，妖怪がやってくる」の読み聞かせを聞き，「さるかにがっせん」との共通点・相違点を見付ける。「さるかにがっせん」と「こんや，妖怪がやってくる」の仲良しカードを全体で作り，単元の学習課題「仲良しカードを作って，昔話のお友達を増やそう」を捉える。
2	3	・「シンデレラ」と「こめんぶくあわんぶく」の読み聞かせを聞く。 ・「シンデレラ」と「こめんぶくあわんぶく」の共通点・相違点を見付け，仲良しカードにまとめる。
2	4 5 6	・仲良しカードを作ってみたい昔話（以下の組み合わせを提示）を選び，同じ昔話を選んだ友達と話し合いながら仲良しカードにまとめる。 
3	7	・作った仲良しカードを友達と見せ合い，面白かったところを友達に伝えたり，仲良しカードで紹介された昔話を読んだりする。

6 授業の実際と指導の工夫・成果

①「こんや，妖怪がやってくる」の読み聞かせを聞き，
「さるかにがっせん」との共通点・相違点を見付ける

　「こんや，妖怪がやってくる」は，おばあさんを助けるため，たまごやこん棒たちが力を合わせて妖怪を退治するという中国の昔話である。このお話は知らないと話す子どもが多かったが，とても反応よく読み聞かせを聞いていた。

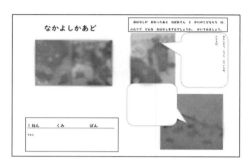

仲良しカードの表面

　C：「さるかにがっせん」に似ていた！
　C：僕もそう思った！
　T：どんなところが似ていたのかな？
　C：うんちが出てきたところ！　「さるかにがっせん」でも，かにを助けていた。
　C：（さるや妖怪の）倒し方も似ていた。

「こんや，妖怪がやってくる」の挿絵

「さるかにがっせん」の挿絵

②「さるかにがっせん」と「こんや，妖怪がやってくる」の仲良しカードを全体で作る

　登場人物だけでなく，食べられてしまったなど行動にも着目して共通点を見付けて仲良しカードに書くことができた。また，かにとおばあさんの会話を考えて書くことができた。

仲良しカードの内側

① 「シンデレラ」と「こめんぶくあわんぶく」の読み聞かせを聞く

　タブレット端末で「シンデレラ」と「こめんぶくあわんぶく」の読み聞かせを行った。「こめんぶくあわんぶく」は，日本の越後に伝わるお話である。いじめられていた継子のこめんぶくが山姥に助けられ祭りに行き下駄を落としてしまうが，後に若様と幸せになるというお話である。「こめんぶくあわんぶく」については知っている子どもが少なかった。しかし読み聞かせを聞いた後，「シンデレラ」と似ていると話す子どもたちが多かった。

② 「シンデレラ」と「こめんぶくあわんぶく」の共通点・相違点を見付ける

　「さるかにがっせん」と「こんや，妖怪がやってくる」の仲良しカードを作ったように，「こめんぶくあわんぶく」と「シンデレラ」の仲良しカードを作った。

　C：（こめんぶくもシンデレラも）お母さんがいなくなっちゃったのは一緒じゃない？
　C：どうやって書く？
　C：ここに書いちゃおう，文字で。

　仲良しカードにはお話の場面絵をいくつか示していたが，示された場面絵にない共通点を見付けた子どもたちは，文字で共通点を書いていた。

　C：こことここ？
　C：脱げたところが同じ。
　C：「下駄」と「靴」。

　自分が考えたことを友達に伝えたり，友達と一緒に共通点を見付けたりしている子どもも多

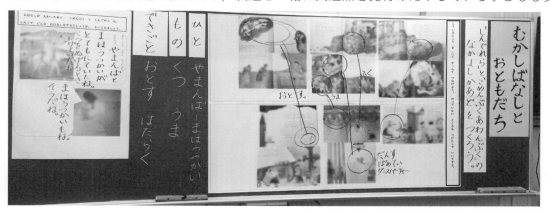

く見られた。友達と相談して考えるというのが有効に働き，「ひと」「もの」「できごと」に着目していくつも共通点を見付けることができた。

③「シンデレラ」と「こめんぶくあわんぶく」の台詞を考えて仲良しカードに書く

　子どもたちと，入学間もない頃に友達と「共通点があると仲良くなれた」ことを振り返った。昔話の登場人物も仲良くなることができるよう，共感しあう「こめんぶくあわんぶく」と「シンデレラ」の会話を考えさせた。これは，子どもが捉えた共通点・相違点を言語化して示すことができるように意図して設定したものである。また，登場人物同士の会話が成り立つように書ける子どもは，話の大筋を捉えられていると考えられる。そのため，お話の大体を捉えられているかどうかを評価することにも有効であると考え，設定した。

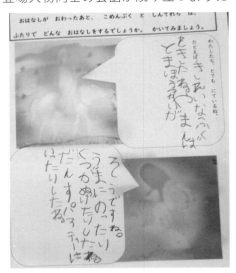

　授業では，見付けた共通点・相違点の中から1，2点を書いている子どもが多かった。子どもによっては共通点・相違点を複数書いたり，自分で吹き出しを書き加え，登場人物の会話を楽しみながら書いたりしている様子が見られた。

　登場人物の会話文という形式や，「私たちとっても似ているね。例えば」という書き出しを指定したことが有効に働き，ほとんどの子どもが共通点・相違点を言語化することができた。

第4〜6時	仲良しカードを作ってみたい昔話を選び，同じ昔話を選んだ友達と話し合いながら仲良しカードにまとめる。

○本を読んだり，読み聞かせデータを聞いたりして仲良しカードを作ってみたい昔話を選ぶ

　単元が進むと，昔話を読みたい，自力で仲良しカードを作ってみたいという気持ちが高まっ

ていた。カードを作る際，好きな昔話を選べるようにした。今回はクラス全員が手に取れるよう，図書館から借りた絵本を40冊ほど用意していた。しかし，その中には既に絶版した本もあったため，同じ本を複数冊用意することが難しいものもあった。そのため，担任や上級生が絵本の読み聞かせをしたデータを作成し，タブレット端末で使用することにした。

　読み聞かせデータを用意しておいたことで，1冊し

かない本でも子どもが順番を待たずに読むことができた。子どもが関心を持ったタイミングで対応できるのはとてもよかった。読み聞かせを必要としない場合でも，音声をオフにすれば絵本として読めるようになっていたので，同じ本が複数冊必要な場合にも有効な方法であった。

　共通・相違の考え方を示したことで，対になる昔話を意図的に読んでいる子どもが増えた。その際，友達と取り組んだり，本とタブレット端末を活用したりして仲良しカードを作っている様子が見られた。

| 第 **7** 時 | 作った仲良しカードを友達と見せ合い，面白かったところを友達に伝えたり，仲良しカードで紹介された昔話を読んだりする。 |

○作った仲良しカードを友達と見せ合い，面白かったところを友達に伝える

　作った仲良しカードを見せ合い，見付けた共通点・相違点を伝えたり，友達の見付けた共通点・相違点に興味を抱いたりしていた。友達の紹介した昔話を手に取り，読む姿が見られた。

　昔話に関心を持ち，休み時間でも読み聞かせデータを聞きたいと申し出る子どもが複数いた。様々な昔話を飽きずに聞いている姿が印象的であった。本が苦手である子どもも，読み聞かせは積極的に聞くことができた。子どもたちは，一見異なるものからも共通点を見いだせることを理解することができた。本自体へ手を伸ばすにはまだ時間や手立てが必要な様子であるが，共通・相違の考え方が様々なお話に触れるきっかけとなったことが成果である。　（見目　真理）

・舟崎克彦（文），浅賀行雄（絵）（2009）『日本名作おはなし絵本　さるかにがっせん』小学館
・君島久子（文），小野かおる（絵）（2014）『中国のむかしばなし　こんや，妖怪がやってくる』岩波書店
・安野光雅（文・絵）（2011）『シンデレラ』世界文化社
・松谷みよ子（文），太田大八（絵）（1986）『日本みんわ絵本のシリーズ　こめんぶくあわんぶく』ほるぷ出版

「同じ，ちがう」でくらべよう，ふ小とせかいの小学校！

小学校第1段階		小学校第2段階		小学校第3段階	
共通・相違	順序	比較・分類	選択	情報のつながりや関係	情報の組み込み方

1 本単元における「情報」の具体

　本単元では，**【話に含まれる外国の小学校の特徴や，自分が経験したり，知っていたりする附属小の特徴】**を「情報」とした。教科書に掲載されているカンボジアやイタリアの小学校，また，本校職員が滞在経験のあるドバイの小学校の情報を聞いて附属小の情報と比較し，それらの共通点や相違点について新聞にまとめ，家の人に伝える，という課題を設定。「カンボジアは学校を出てお菓子を買うことができるけど，附属小は途中で学校を抜け出すことはできない」等，相互の共通・相違に着目することで，参照力の基礎の育成を目指した。

2 対話的な学習活動と情報の扱い方

　本単元における主な対話的な学習活動の場は，聞き取った外国の小学校に関する情報と附属小に関する情報との共通点や相違点について，ペアや全体で話し合った場である。「イタリアの小学校にも体育の授業はあるけど，附属小と違って週に1回しかないんだよ」「体育の授業があることは共通点だけど，数が少ないところは相違点だね」といったやりとりを繰り返し行うなかで，情報の扱い方(2)ア「共通・相違」の関係を理解できるようにした。

3 単元の指導目標

(1) 外国の小学校と附属小の特徴を比べ，それらの共通点や相違点を見付けて記録したり，記録を基にミニ新聞にまとめたりすることができる。　　　　　　〔知識及び技能〕(2)ア

(2) 興味・関心を持った外国の小学校と附属小を比べ，お家の人にミニ新聞にまとめて紹介するために，相互の共通点や相違点に着目しながら，自分が聞きたいことを落とさずに聞き，感想を持つことができる。　　　　　　　　　〔思考力，判断力，表現力等〕A (1)エ

(3) 自分が選んだ外国と附属小とを比べてお家の人にミニ新聞で紹介することに向かって，進んで外国の小学校の話を聞いたり，附属小との共通点や相違点は何か考えたりしようとする。　　　　　　　　　　　　　　　　　　　　「学びに向かう力，人間性等」

4 単元の評価規準

知識・技能	思考・判断・表現	主体的に学習に取り組む態度
①外国の小学校と附属小の特徴を比べ、それらの共通点や相違点を見付けて記録したり、記録を基にミニ新聞にまとめたりしている。((2)ア)	①「話すこと・聞くこと」において、興味・関心を持った外国の小学校と附属小を比べ、お家の人にミニ新聞にまとめて紹介するために、相互の共通点や相違点に着目しながら、自分が聞きたいことを落とさずに聞き、感想を持っている。(A(1)エ)	①自分が選んだ外国と附属小とを比べてお家の人にミニ新聞で紹介することに向かって、進んで外国の小学校の話を聞いたり、附属小との共通点や相違点は何か考えたりしようとしている。

5 単元の指導計画（全7時間）

次	時	主な学習活動
1	1	・外国の小学校について聞き、自分たちの小学校と比べてミニ新聞を作るという学習の見通しを持つ。 ・自分たちの学校（附属小）の特徴について話し合う。
2	2 3	・ミニ新聞で紹介する外国の国を選ぶために、イタリアの小学校についての話を聞いてメモをとる。メモしたことを基に、附属小との共通点や相違点について整理したり、友達と話し合ったりする。 ・イタリアと自分達の小学校を比べた感想をまとめ、友達と伝え合う。
	4	・前時までの学習を生かして、カンボジアの小学校についての話を聞いてメモをとる。メモしたことを基に、附属小との共通点や相違点について整理したり、友達と話し合ったりする。 ・カンボジアと自分達の小学校を比べた感想をまとめ、友達と伝え合う。
3	5	・2次までの学習を生かして、〇〇先生（附属小教員）のドバイ（UAE）の小学校についてのお話を聞き、附属小との共通点や相違点について整理したり、友達と話し合ったりする。 ・ミニ新聞で紹介したい国を選ぶ。
	6 7	・選んだ外国の小学校と附属小とを比べてわかったことや感想をミニ新聞にまとめる。 （・完成した新聞をお家の人に読んでもらい、感想をいただく。）

| 第 1 時 | 外国の小学校について聞き，自分たちの小学校と比べてミニ新聞を作るという学習の見通しを持つ。 |

①世界の外国の小学校についてのスライドを見て，気付いたことを発表し合う

　導入では，世界の学校の様子をスライド形式で紹介。一体，世界のどこの国の学校の写真なのかクイズを行った。日本の学校との違いがはっきりしている国や，その国の特徴や文化が子どもたちの学校生活から予想できる国を選定し紹介した。具体的には，インド（算数の授業）や中国（大人数での集会），アメリカ（スクールバス），フランス（給食のパン）などである。

　世界の給食のメニューの写真や授業等の様子を見て，子どもたちは，「日本と全然違う！」「えー！」「いいなあ！」「すごい！」といった反応を示した。

②単元の課題について知り，学習の見通しを持つ

　外国の小学校への興味・関心が高まったところで，「みんながすごいと思ったり，いいなと思ったりした外国の小学校についてお家の人に教えてあげよう」と投げかけ，言語活動のゴールとなるミニ新聞の例示を行った。例示したミニ新聞は印刷し，全員に配布。ノートに貼り付け，新聞にまとめる際の参考にできるようにしたり，課題を意識して学習を進めたりすることができるようにした。毎時の導入においても，音読をする機会を設けるなどしていった。

　ミニ新聞は，**(1)**附属小との共通点や相違点について，聞き取ったことの中から，ぜひ家の人に伝えたい情報を中心にまとめる上段と，**(2)**聞き比べて思ったことをまとめる下段とで大きく構成した。下段にはさらに，文字だけでなく，読み手である家の人が読んで

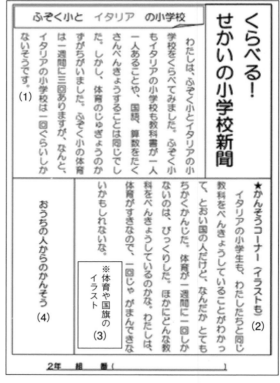

みたいという気持ちを高めるために，**(3)**国旗の絵や，比べた内容に関するイラストを自由に書いたりしてもよいこととした。左下の空欄には，**(4)**完成したミニ新聞を家に持ち帰り，家の人に読んだ感想を書いていただくこととした。

本単元の育成したい資質・能力の一つが，話すこと・聞くことエ「共通点や相違点に着目しながら，自分が聞きたいことを落とさずに聞き，感想を持つ」ことである。聞きたいことを正確に聞き取る力のみならず，「感想を持つこと」についても育成しなければならない。これは，指導要領に位置づけられた「考えの形成」に該当する。ワークシート下段(2)に感想をまとめる欄を設けたのは，そのためである。

③自分の小学校（附属小）について，知っていることを話し合う

「教科ごとに先生が違う」など，教師が例を挙げたり，全体で数名発表したりして共有した後，以下のような観点を提示し，ノートに思いついた事柄を自由に書く時間を設けた。

〈提示した観点〉
・始業時刻　・休み時間　・終業時刻　・給食　・勉強している教科　・その他

2年生にとっては，普段当たり前のように小学校で生活しているため，ただ「知っていること」と投げかけても，なかなか附属小（自分たちの学校）に関する情報を増やすことは難しい。しかし，上記のように観点を示したことで，観点に沿って生活を振り返り，ノートに知っていることを蓄積していくことができた。

その後，全体で書いたことを発表し合う時間を設け，観点を基に附属小の生活についての情報を共有し，増やしていく機会をつくった。このことで，自分たちの学校生活を客観的に捉え，外国の複数の学校と比べるという次時からの活動の土台をつくった。

第 4 時　カンボジアの小学校についての話を聞き，附属小との共通点と相違点について話し合い，感想を持つ。

①カンボジアについて知っていることを交流したり，カンボジアの小学校について，聞きたいことを考えノートに書いたりする

カンボジアの小学校についての情報は，イタリア同様，教科書に掲載されている。いきなりカンボジアの小学校について聞く活動を行うのではなく，まず，自分はどんなことを聞きたい（知りたい）のかを明確にする時間を設ける。それは，今回育成する資質・能力（話すこと・聞くこと）に「エ　自分が聞きたいことを落とさないように集中して聞く」という指導事項が入っているからだ。つまり，学習指導要領の解説に，「自分にとって大事なことや知りたいことを落とさずに聞くことである。そのためには，自分の聞きたいことを明確にして話を聞くことが大切である。」とあるように，「自分は何のために聞くのか」目的を持って聞くことが，実生活へ転用できる生きた学び（聞く力）となっていくのである。

実際に子どもが聞きたいと挙げた事柄は以下の通りである。

〈カンボジアについて知りたいこと〉

- 給食はあるのかな？　　　　　　　・始まるのは，何時からかな？

- 黒板か？　ホワイトボードか？　　・制服はあるの？

- 水道はあるの？　　　　　　　　　・休み時間はあるの？　あるとしたらどれくらいか？

- 授業の時間はどれくらいか？

---

②聞いたことを基に，附属小とカンボジアの小学校を比べ，感想を発表し合う

　聞き取ってノートに記録したことを基に，附属小との共通点や相違点について考えていった。具体的には，共通点となる事柄には〇，相違点となる事柄には×を書き，横に附属小についての情報を書き加えていった。その際，第１時で書き溜めた附属小についての情報と見比べることで，操作的な見方・考え方を働かせながら「共通・相違」の目を養っていった。また，どちらかわからない，判断がつかない事柄は△を書き，友達と検討する時間を設けた。聞き逃してしまった事柄や，これは同じと言えるのか，違うと言えるのか迷う事柄を，友達と話し合うことで解決していく過程を通して，「共通・相違」という視点で事柄同士を比べていく力をより培っていくことができた。

　子どもたちは，「教科書は他の人が使っていたものを使う」「組によって開始時間が異なる」「休み時間は学校の外に出て，買い物をしてよい」「給食はなく，家で昼ごはんを食べる」などの相違点に驚いていた。お父さんやお母さんに教えてあげたいという思いも膨らんでいった。

第 **5** 時	ドバイ（UAE）の小学校について，教師の話を聞き，附属小との共通点や相違点について話し合い，感想を持つ。

①ドバイについて知っていることを発表したり，聞きたいことをノートに書いたりする／ドバイに住んでいた先生の話を聞き，聞き取ったことを発表し合う

　教科書では，イタリアとカンボジアの２国について紹介されているが，今回は学習したことを生かすため，中東のドバイ（UAE）の小学校についても取り扱った。３国目をドバイにした理由は，本校にドバイの日本人学校で勤務した経験のある教員がいたためである。

　事前に，教員が現地の小学校について説明している動画を撮影し，繰り返し聞くことができるようにした。

以下は，実際に教員が紹介した内容である。

○○先生が行っていた，ドバイの小学校について紹介します。

教科書は一人一人にあります。学校は7時30分に始まります。休み時間は「スナックタイム」というおやつの時間があるだけです。学校は12時30分ごろに終わります。暑い国なので，午後は，活動はしないようです。昼ご飯は，家に帰って食べます。給食やお弁当はありません。家の人も家に帰ってきて，一緒に食べます。これで終わりです。

②附属小とドバイの小学校を比べて感想をまとめ，発表し合う

身近に外国の小学校に勤務経験のある教員の存在は，子どもたちにとってはとても新鮮で，これまで以上に目を輝かせて聞いていた。さらに，授業が終わった後に，一人の男子児童が「先生，○○先生にインタビューしてきていいですか？」と尋ねてきた。ドバイの小学校についてまだまだ聞きたいことがあったらしく，休み時間に直接聞きに行こうとしていたのだ。それにつられて何人もの児童が「ぼくも聞きたい！」「わたしも聞きたい！」と列をなして教員の元へ向かっていく姿が印象的であった。

第6・7時　第2～5時で聞いた小学校のうち一つを選び，附属小と比べてわかったことや感想をミニ新聞にまとめる。

イタリア，カンボジア，ドバイの3国から，最もお家の人に伝えたいと思った国を選んで新聞にまとめた。右はカンボジアと附属小との違いについてまとめた女子児童の新聞である。上段では，「統一した登校時間がない」「給食はなくて外でおやつを買える」「音楽や図工がほとんどない」等，自校の生活との大きな相違点を挙げている。下段には，「おやつが買えて羨ましい」「決まった登校時間がないことにびっくりした」と，特に印象に残った相違点について感想をまとめている。

（綱川　真人）

つたえよう！　ぼく・わたしのお気に入りの草花

小学校第1段階		小学校第2段階		小学校第3段階	
共通・相違	順序	比較・分類	選択	情報のつながりや関係	情報の組み込み方

1／本単元における「情報」の具体

　ここで扱う「情報」とは，【事柄の順序】に関するものであり，主に次の二つを意味する。一つは，教材文「たんぽぽ」や児童が選んだ草花に関する本における「種子ができる」「芽を出す」といったそれぞれの事柄であり，それらの順序を指す。もう一つは，説明文として，どのように文章を構成して説明をしているのかを大づかみに把握するための文章表現上の順序を指している。

2／対話的な学習活動と情報の扱い方

　草花の成長の順序とともに，説明文における文章表現上の順序について児童が進んで捉えられるようにすることが必要である。そのためには，クラス全体やペア，友達を見付けて話し合うことができるような学習計画と支援が重要である。その際，「よるのあいだ」「つぎの日」といった順序を表す言葉に着目したり，どんなことが，どんな順序で説明されているのかを検討したりできるように留意する。また，単元終末では「お気に入りの草花の一生について1年生に紹介する」という機会を設けることで，学習に対して必然性を感じられるようにしている。

3／単元の指導目標

(1) 身近なことを表す語句の量を増し，話や紹介シートの中で使うとともに，言葉には意味による語句のまとまりがあることに気付き，語彙を豊かにすることができる。

〔知識及び技能〕(1) オ

(2) 草花の成長の順序など情報と情報との関係について理解することができる。

〔知識及び技能〕(2) ア

(3) 草花の成長の順序を考えながら，内容の大体を捉えることができる。

〔思考力，判断力，表現力等〕C (1) ア

(4) 草花に関心を持ち，進んで本を読み自分が気に入った草花について紹介しようとする。

「学びに向かう力，人間性等」

4 単元の評価規準

知識・技能	思考・判断・表現	主体的に学習に取り組む態度
①身近なことを表す語句の量を増し，話や紹介シートの中で使うとともに，言葉には意味による語句のまとまりがあることに気付き，語彙を豊かにしている。((1)オ) ②草花の成長の順序など情報と情報との関係について理解している。((2)ア)	①「読むこと」において，草花の成長の順序を考えながら，内容の大体を捉えている。 (C(1)ア)	①草花に関心を持ち，進んで本を読み自分が気に入った草花について紹介しようとしている。

5 単元の指導計画（全9時間）

次	時	主な学習活動
1	1	・教師の参考作品「つくしの一生」紹介シートを見て，草花に関する本を読み，自分が気に入った草花の一生について1年生に紹介するという学習の見通しを持つ。 ・教材文「たんぽぽ」を読む。
	2	・草花に関する本を読み，自分が気に入った草花を選ぶ（以後並行読書）。
2	3〜5	・教材文「たんぽぽ」を読み，文章や場面絵を基にたんぽぽの一生に関する事柄と順序について紹介シートにまとめる。
3	6〜8	・1年生に紹介するために，並行読書をしてきた複数の本の中から自分が気に入った草花を選ぶ。 ・前時までに学習してきたことを生かして「○○の一生」紹介シートにまとめる。
	9	・「○○の一生」紹介シートを用いて，自分が気に入った草花の一生について1年生に紹介する。

6 授業の実際と指導の工夫・成果

第 1 時　意欲を高め，学習の見通しを持つ。

①参考作品を提示して学習の具体的なイメージと見通しを持てるようにする

　T：今日は，みんなにあるものを紹介します（スライドでつくしの根の画像を提示）。
　C：何？　ヘビ？
　C：根！　なんかの根！
　T：これは，「つくし」の根です。つくしの根は，地面の下では，なかよくつながりあって
　　　いるのです。
　C：へえ，そうなの。

　第1時開始時の教師と児童のやりとり。これから始まる学習に向けて，子供たちの関心を引き寄せ，一人一人の意欲をできるだけ高めることに注力すべきである。そのため，教師がつくしの成長に関する絵本を読んで作成したスライドを，いきなり提示して授業を始めた。

　本の中で，つくしは「①根→②胞子→③すぎな→④たま（と呼ばれる塊）→⑤つくしの赤ちゃん→⑥つくし」（表現は原典のママ）の順で説明があった。まずは，スライドだけで全児童の視線を集めて「つくしの一生」を紹介した。その次に，挿絵と短文でまとめた「紹介シート」B4版を配布して確認するとともに，今後の「紹介シート」づくりの参考になるようにした。

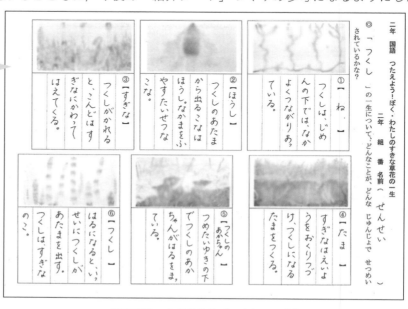

【○○の一生紹介シート】
草花の一生を六つの事柄に整理することができる。それぞれ上段にはイラストを描き，下段には読んだ内容などをメモする。

教師が作った参考作品「つくしの一生」

44

教師の「つくしの一生」をスライドで見た子どもたちは，根がつながっていることやスギナになることを知って驚いていた。そして，「他のものも知りたい」という声も上がった。それらを受け，生活科でともに野菜などを育てている1年生に教えてあげようと提案すると「いいね！」「お家の人にも教えたい」とかえってきた。そこで，「つたえよう！　ぼく・わたしのお気に入りの草花」という単元名を提示した。

参考作品の提示と「何のために」「誰に対して」「何をするのか」といったことの共有を通して，学習の目的意識や相手意識，具体的な活動の見通しを持つことができた。

第 2 時　草花に関する本の並行読書を始める。

①並行読書における条件と選書について

草花に関する並行読書を始める際に留意したことは次の二つである。

・読書を通して気に入った草花を紹介すること

安易に各人が以前から好きだった草花を選んでよいことにすると，知っている知識のみでまとめてしまい，読書の必要性や楽しさをあまり感じない児童も出てくる。そこで，「せっかくだから，今までで知っている草花ではなく，今回本を読んで初めて知ったものや驚いたものなどの中から選ぼう」と促した。

・草花の成長に関する事柄を読み取りやすい本を用意すること

学校の図書室にある草花に関する複数の種類の本の中から，教科書の本文「たんぽぽ」と比較しながら，草花の一生について順序性がわかりやすく挿絵も適度にあるものを教師が用意した。また，学級の人数が多く，進度や能力などの個人差に対応できるように，やや多めの23種類43冊の本を用意した。

②交流したい相手を見付けることができる読書一覧コーナーを設ける

ヒマワリ，ドングリ，レンゲソウなど45分かけて様々な本を子どもたちは手に取っていた。ここから朝や休み時間の読書活動にも広がっていった。

教室には，名簿を掲示して1冊読んだら該当する本の題名のところへシールを貼るようにした。これにより，同じ本を読んでいる友達を探して相談したり，幅広く読もうとしたりすることにつながった。

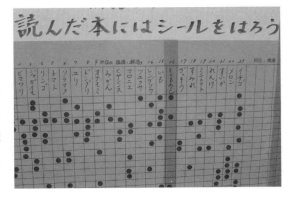

○教材文「たんぽぽ」における段階的な対話的学習活動

　教科書の本文を全文シート（A4）１枚にしたことで，まとまりのある言葉や草花の成長，文章表現上の順序を捉えやすくした。はじめに，教師が読み聞かせをし，その後に一斉読みを行い，以下の対話例のように問うことから始めた。

　　Ｔ：初めは，何のことが書いてあったかな？
　　Ｃ：葉のこと。
　　Ｔ：葉のどんなことが書いてあったかな？
　　Ｃ：ふまれたり，つみとられたりしても，また生えてくる。
　　Ｔ：そうだね。じゃあ，そのことを「紹介シート」の①に書いてみよう。

　まずは教師から問い，下の「紹介シート」の①の欄に【は】「ははふまれたりつみとられたりしてもはえてくる」と板書で示しながら全員同じく書き込んだ。「次は何のことが書いてあるかな？」と問うと，「根のこと」と応答。同様に②には【ね】の様子について書き込む。

　こうすることでやり方がわかってくる。そこで，③と④は友達と相談して読むことを促した。すると，隣の友達と「次は花のことだよ。ここに花がさきますってあるじゃん」「そうだね」と草花の成長の順序に関するやりとりが始まった。

　なかには，「小さな花を数えてみると180もありました」という内容の部分を【花】の紹介に入れるかどうするかで相談していたペアもいた。彼らは，そのあとの「小さな花にみが一つずつできる」という文から，花が実になるという順序と関係性を捉え，必要だと判断して短くメモに加えていた。

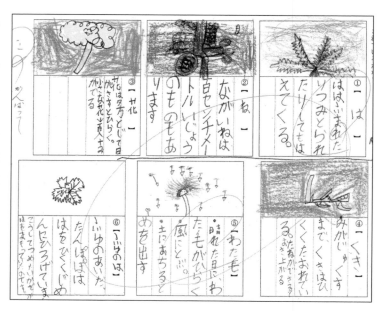

第6~8時　第2次の学習を生かしながら自分が選んだ草花を読む。

○第2次までの学習の成果を第3次で評価する

　全員で同一の「たんぽぽ」を読み，「紹介シート」にまとめる過程で相談したり全体で確認したりしてきた第2次は練習の段階である。本番は，第3次で各々が1年生に紹介したい草花の一生について，その成長や文章表現上の順序を捉え，内容の大体をまとめることである。もちろん児童にとっては，自分が気に入った草花についてまとめることができる時間であり，楽しい活動という理解である。実際，児童たちは自分が選んだ草花についてまとめるために繰り返し読んだり，時には同じ草花を選んだ友達と相談したりしながら主体的に取り組んでいた。なかには，複数の草花についてまとめた児童もいた。教師は，その作品及び1年生の交流の様子から評価をする。以下は，左が「ミニトマト」，右が「スミレ」についてまとめた児童のものである。

第9時　1年生に自分が気に入った草花の一生を紹介する。

○日常と結び付いた実現可能なゴールの設定

　本校の1・2年生は，生活科を中心に比較的交流がある学校である。そのことを生かしたゴールは，児童にとって受け入れやすくやる気にもつながるものであった。当日，2年生は自分が気に入った草花の一生について伝えたいことを中心に順序よく紹介していた。1年生も質問などして互いによい時間を過ごすことができた。

（八巻　修）

もっと聞かせて！　先生のひみつ

小学校第1段階		小学校第2段階		小学校第3段階	
共通・相違	順序	比較・分類	選択	情報のつながりや関係	情報の組み込み方

1／本単元における「情報」の具体

　本単元の情報とは，**【先生の写真と先生にインタビューで聞いたこと】**である。本校は教科担任制であり，子どもたちは「理科の先生」や「音楽の先生」と教科担任を捉えていて，その先生の人間性を知る機会があまりない。教科の先生はどんな先生なのかを聞き出すための資料として写真を用意した。その写真を基にして，質問を考えインタビューに行くことができるようにした。そして，1回目のインタビューを基にして，追加質問を考えて2回目のインタビューに行くことができるようにした。

2／対話的な学習活動と情報の扱い方

　対話的な学習活動が生まれるために，教師の例示と自分たちのメモを見比べる時間を設定した。教師の例示を見ると，1回目のインタビューでは先生のことをうまく聞くことができず，2回目のインタビューでよりよく聞くことができたことがわかった。すると，自分たちがしてきたインタビューメモを見返し，「もっとこういうことを聞くと先生のことを詳しく知ることのできる質問になりそう」「今のインタビューだと先生紹介ではなく野菜の育て方の紹介で終わってしまう」など，次々と対話が生まれ，追加質問を考えることができるようになった。

3／単元の指導目標

(1) 先生のことをもっとよく知ったり，意外な一面に気付いたりするための質問を考え，インタビューをする中で「先生のひみつ発表会」に必要な語句を短く書き留めることができる。

〔知識及び技能〕(2)イ

(2) 「先生のひみつ発表会」に向けて，先生から聞いたことをメモに書き留めたり，追加質問を考えてインタビューしたりすることができる。　〔思考力，判断力，表現力等〕A (1)エ

(3) 「先生のひみつ発表会」に向けて，先生のことをもっとよく知ったり意外な一面に気付いたりするための質問を繰り返し考え，よりよいインタビューをしようとする。

「学びに向かう力，人間性等」

4 単元の評価規準

知識・技能	思考・判断・表現	主体的に学習に取り組む態度
①先生のことをもっとよく知ったり，意外な一面に気付いたりするための質問を考え，インタビューをする中で「先生のひみつ発表会」に必要な語句を短く書き留めている。 （(2)イ）	①「話すこと・聞くこと」において，「先生のひみつ発表会」に向けて，先生から聞いたことをメモに書き留めたり，追加質問を考えてインタビューしたりしている。（A（1）エ）	①「先生のひみつ発表会」に向けて，先生のことをもっとよく知ったり意外な一面に気付いたりするための質問を繰り返し考え，よりよいインタビューをしようとしている。

5 単元の指導計画（全8時間）

次	時	主な学習活動
1	1	・教師の例示を基に，先生のことをもっとよく知ったり意外な一面に気付いたりするために「先生にインタビューをして，先生のひみつ発表会をする」という学習課題を知る。先生の写真からどの先生にインタビューをしたいかを考える。
2	2	・写真を基に，先生に聞きたいことを考え，インタビューの練習をする。
	3	・自分が選んだ先生のところへ行き，インタビューをする。
	4	・インタビューメモを見直し，先生のことをもっとよく知るための追加質問を考える。
	5	・1回目と同じ先生のところに2回目のインタビューに行く。
	6 7	・インタビューでわかったことを基に，タブレット端末で「先生のひみつ発表会」の発表シートを作り，練習する。
3	8	・「先生のひみつ発表会」をする。

6 / 授業の実際と指導の工夫・成果

第 1 時 教師の例示を基に，先生のことをもっとよく知ったり意外な一面に気付いたりするために「先生にインタビューをして，先生のひみつ発表会をする」という学習課題を知る。先生の写真からどの先生にインタビューをしたいかを考える。

　まず，副校長先生の写真を見せた。どんなイメージかを問うと，「優しい，道徳を教えてくれた，体育も得意，頼りになる」等，いろいろな意見が出た。今回，ゴールのイメージとなる発表シートを見せ，インタビュー内容である「サッカーが得意でサッカー選手もしていたこと」を紹介すると，「え〜！　意外！」という子が多数，「知ってた！　昔の広報誌に載っていた！」という子が少数いた。紹介したことは「サッカーを始めたきっかけ」と，「サッカーが上手になるコツ」。どの子も「副校長先生のひみつ発表」を嬉しそうに聞いていた。

　その後，事前に教科担任の先生方からいただいていた写真を紹介し，どの先生にインタビューするのかを決めた。「この場所がどこなのか聞きたい！」「○○先生は○○が得意なのかな？」と選ぶ段階から質問したいことがどんどん出てくる様子だった。

第 2 時 写真を基に，先生に聞きたいことを考え，インタビューの練習をする。

　前時で決めた写真付きのインタビュー用紙を配付し，写真を基に質問を考えた。その後，次の時間にはインタビューに行くことを伝えると，「やったー！」と喜ぶ子が数名。「えっ？　もう？」と不安そうな子が半数近くいた。何が不安か聞いてみると，「どうやって聞けばよいのか不安」，「きちんとメモができるか不安」という声が上がった。そこで，事前に録画しておいたインタビュー動画を見せた。一見，きちんとインタビューできているようだが，手元のメモを見ると相手が言ったことをそのまま書いているだらだら文，大切なことを聞き落とし必要なことが書かれていない文…ときちんとメモをとることができていない。子どもたちに，どうするとよいかを問うと，「大切な言葉を短く書く，速く書く，記号を用いる」等様々な意見が出た。その後，今学んだことを生かして，動画を用いてインタビューの練習（メモを書き留める練習）をした。

第 3 時　自分が選んだ先生のところへ行き，インタビューをする。

　第2時で考えた質問を基に，インタビューに行った。インタビューするときに頑張りたいことや気を付けたいことを聞くと，「たくさんメモをしたい」「先生のことを知りたい」「きちんとした話し言葉でインタビューしたい」等，子どもたちの思いはそれぞれだった。例示として，インタビューの様子を動画で見せた。見通しが持てた子どもたちは，同じ先生のところに行く子ども同士でインタビューの練習をした。自信を持ててから，インタビューに出かけた。各教室を回り，先生を探す。出会えたら，インタビューをする。もし，授業をしていてその時間にインタビューできない場合には，昼休み等を使って聞きに行くようにした。

第 4 時　インタビューメモを見直し，先生のことをもっとよく知るための追加質問を考える。

　子どもたちに1回目のインタビューの様子を聞いてみる。「よくできた」と答える児童がほとんどだった。「あと少し」は少数。「もっと聞きたいか」を問うと，半数以上が手を挙げた。1回目のインタビューを終えて，新たな疑問が生まれたり，もっと聞いてみたいことが増えてきたりしたようだった。とはいえ，どんな言葉を使うと相手のことをより知ることができるのか，子どもたちは自覚していない。今回の授業では，相手のことをより知ることのできる言葉を意識して使い，追加の質問を考えることを目指した。

　まず，教師の例示を見せる。本単元の第1時で示した発表シートとインタビューメモを見比べると，インタビューメモにあるはずの質問が無い。1回目のインタビューでは，相手にうまく聞くことができなかったという例を示す。そして，2回目のインタビューだと，相手のことをより詳しく知ることのできる質問になる。1回目の反省を生かして，もっと気になるところを膨らませて聞いたり，相手を詳しく知ることのできる言葉を意識的に用いるようにして示したりした。

次に，活動2として共通課題を示した。導入で示したような語句を用いて，追加の質問を考えるという内容だ。先生のことを知ることができる質問になるように，1回目のインタビューメモを基にして考えるように展開した。

　最後に，自分たちのインタビューメモに戻る活動を設定した。1回目のインタビューの物足りなさや新たに疑問に感じた点を聞く子，1回目のインタビューを振り返り，より先生のことをもっと知るための追加質問を考える子，1回目は先生のことが聞けなかった分，先生のことを聞く質問に書き替える子など，子どもの様子はそれぞれ異なっていた。

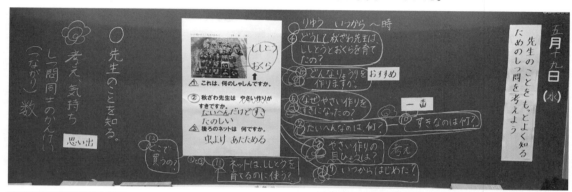

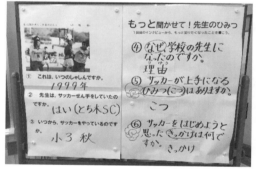

第 5 時　1回目と同じ先生のところに2回目のインタビューに行く。

　前時で考えた追加質問を基に，2回目のインタビューに行く。考えた質問だけでなく，インタビュー相手の返答から，その場で聞きたくなったことを聞き，メモをすることもよいと話した。そうすることで，より自然な会話の中で相手のことを知ることができる様子だった。初めてのインタビューは，緊張もあり，用意した質問を聞くことで精いっぱいだった子どもたち。2回目のインタビューは，1回目の質問と答えを基にして，より相手に迫ることのできるインタビューができた様子だった。子どもたちは，教室に帰ってくると，ひみつ発表会まで待てない！　といった様子で，「先生にだけ，先に教えるね…」と，聞いてきたとびきりの情報を教えてくれた。

　インタビューでわかったことを基に，タブレット端末で「先生のひみつ発表会」の発表シートを作り，練習する。

学習支援ソフトを使って，発表シートを作成した。先生のひみつ発表会では，どんなことを伝えるとよいのかを問うと，「みんなが知らない先生のひみつ！」「くわしく聞けたこと！」と発言があった。「自分が知らなかったことや，自分が意外だと思ったこと＝友達もそう思う」と感じている子が多くいた。また，まとめ方に言及する子もいた。「発表シートには特に伝えたいことを絞って作ろう」「発表シートには短くまとめて，発表ではくわしく伝えよう」「文字が大きい方が見やすいよね」など，話す姿があった。今回，発表シートにインタビューした

ことをいくつまで載せるという制限は設けなかった。制限をかけることで同じ先生に質問した子たち同士似たり寄ったりな発表になってしまう可能性や，いくつ伝えるかを自分たちで考え

させることで，主体的に活動できる発表につながると考えたからだ。

第 8 時　「先生のひみつ発表会」をする。

いよいよ「先生のひみつ発表会」。子どもたちは，自分が聞いた秘密を嬉しそうに話した。その子だけが聞いた質問は「オリジナルだね！」「その質問いいね。僕もすればよかった！」と感想を伝え合っていた。単元の終わりということもあり，発表会後には振り返りも行った。1回目のインタビューよりも2回目のインタビューの方がよくできたと答える児童が多かった。

【成果と課題】

写真という情報を基にして質問を考えたり，1回目のインタビューを基にして先生のことをより知ることができる追加質問を考えたりすることで，子どもたちは「先生のひみつ」に迫ることができていた。インタビューや発表会を通して，教科の先生のことを知り，親しみを感じながら1年間を過ごすことができたことも，子どもたちにとってよい学習となった。

一方で，よいインタビューができていても，それを発表シートに反映することが難しい児童もいた。聞いてきたことの中から，発表することを選び出す力も大切な情報の力である。まとめる活動の際にも，ともに考え高め合う学びができるようにしていきたい。（南(古西)　はるか）

3年　　話すこと・聞くこと｜**書くこと**｜読むこと　　「自分の考えをつたえよう」

ＡとＢ，あなたはどっち!?
附小なるほどアドバイザーになろう

小学校第１段階		小学校第２段階		小学校第３段階	
共通・相違	順序	**比較・分類**	選択	情報のつながりや関係	情報の組み込み方

1／本単元における「情報」の具体

　本単元では，【自分の意見を支えるために挙げられた理由】を「情報」とし，「二つのうちどちらを選ぶか」迷っている友達に文章を書いてアドバイスする，という学習課題を設定した。「本を読むなら漫画か，本か？」「昼休み中で遊ぶならトランプか，ウノか」等，自分が日常生活の中でふと迷ってしまう一場面を挙げ，説得力ある理由（＝情報）を挙げて友達とアドバイスし合う。「想像力が身につくから本」「漫画家のイラストがあってワクワクする」等，たくさんの情報を互いに集め，比較していく。

2／対話的な学習活動と情報の扱い方

　本単元における主な対話的な学習活動の場は，相手が納得するにはどの理由がよいか複数の理由同士を比較しながら小グループや全体で話し合う場である。「この理由なら，Ａのよさが伝わるから，Ａの方がよいって思ってもらえるね」「でも，Ａを主張しているのに，この理由はＢを支える理由にもなってしまうよ。説得力は低いんじゃないかな」等と話し合う過程で，情報同士を比較する際の観点を互いに見いだし，情報の扱い方(2)イ「情報の整理」の「比較の仕方」を理解していけるようにした。

3／単元の指導目標

(1) 自分の意見を支える理由を選ぶために，その理由を選べば相手が納得するかに着目し，複数の理由を比較することができる。　　　　　　　　　〔知識及び技能〕(2)ア

(2) 友達へのアドバイスを目的とした短い意見文を書くために，集めた理由を比較しながら，相手が納得する理由を選ぶことができる。　　　　〔思考力，判断力，表現力等〕B (1)ア

(3) 様々な生活場面で「二つのうちどちらを選ぶか」迷っている友達に意見文を書いてアドバイスするという目的を意識して，相手が納得するにはどの理由がよいか複数の理由同士を友達と比較したり，相手にとってより適切な理由を選んだりしようとする。

「学びに向かう力，人間性等」

4／単元の評価規準

知識・技能	思考・判断・表現	主体的に学習に取り組む態度
①自分の意見を支える理由を選ぶために，その理由を選べば相手が納得するかに着目し，複数の理由を比較している。 （(2)ア）	①「書くこと」において，友達へのアドバイスを目的とした短い意見文を書くために，集めた理由を比較しながら，相手が納得する理由を選んでいる。（B(1)ア）	①様々な生活場面で「二つのうちどちらを選ぶか」迷っている友達に意見文を書いてアドバイスするという目的を意識して，相手が納得するにはどの理由がよいか複数の理由同士を友達と比較したり，相手にとってより適切な理由を選んだりしようとしている。

5／単元の指導計画（全8時間）

次	時	主な学習活動
1	1	・教師の提示する資料から，「二つのうちどちらを選ぶか」話し合う。「二つのうちどちらを選ぶか」迷っている友達に文章を書いてアドバイスするという課題を知る。友達からのアドバイスがほしい話題について，自分の生活を振り返る。
2	2	・学習の見通しを持ち，集まった話題の中から，アドバイス文を書きたい話題を選んで，自分の意見を持つ。
	3	・選んだ話題に対する自分の意見を支える理由を集める。
	4	・教科書の話題について，教師のアドバイス文の例を基に「もし自分の意見が電話なら」どの理由を選ぶか話し合い，アドバイスしたい話題に対する理由を選ぶ。
	5	・自分の意見が伝わるアドバイス文の組み立てについて話し合う。
	6 7	・前時までの学習を基に，友達へのアドバイス文を書く。
3	8	・書いたアドバイス文を読み合う。アドバイザーの認定を受け，単元を振り返る。

6 授業の実際と指導の工夫・成果

①教師の提示する資料から，「二つのうちどちらを選ぶか」話し合う

　導入では，当時流行していた漫画について，教師が「より味わうならＡアニメかな？　Ｂ本かな？」と迷っていることを告げる。「みんなは，どっちがいいと思う？」と投げかけた。ＡかＢか自分の意見を持たせ，アニメと本のよさを複数挙げてもらった。それらを「理由」と呼び，自分の考えを伝えるときには，「意見（ＡまたはＢ）」を支える（＝相手がなるほどと思う）「理由」が大切であることに気付けるようにした。その他にも，以下のようなお題を提示した。

- コロナウイルスが落ち着いて，家族で旅行に行くなら，山か？　海か？
- ペットとして飼うなら，犬か？　猫か？
- 昼休みに友達と教室で遊ぶなら，オセロか？　将棋か？
- 朝ご飯に食べるなら，ご飯か？　パンか？

　子どもたちは，「栃木には海がなく，めったに行けないから，海の方が思い出に残る」などの理由を付けてそれぞれの選んだ立場を発表していた。そこで，「みんなも生活の中で『どっちにしようかな？』と迷ったことはないですか？」と投げかけ，互いに迷っている事柄に対して「なるほど」と思う理由を出してアドバイスできる「附小なるほどアドバイザーになろう」という本単元の学習課題を提示，共有した。単元の学習内容を見事修了した者に送られる「アドバイザー認定証」の拡大も提示し，意欲を高めた。

②アドバイスがほしい話題について，自分の生活を振り返り，ワークシートにまとめる

　子どもたちが実際にワークシートに書いた迷う話題には以下のようなものが挙げられた。

- 本を読むなら，漫画か？　本か？
- 昼休みに遊ぶなら，外か？　中か？
- もし，休日に友達と遊びに行くなら，遊園地か？　公園か？
- 昼休み中で遊ぶなら，トランプか？　ウノか？
- 友達と外で遊ぶなら，ドッチボールか？　鬼ごっこか？
- 夏にやるなら，虫取りか？　プールか？
- 休日に遊びに行くなら，動物園か？　水族館か？

・おやつを買うなら，高くておいしいものを一つ買うか？　安くてまあまあなものを二つ買うか？
・休日に行くなら，公園か？　図書館か？

　これらは，全体で発表し合い参考になる友達の話題を共有したり，自由に出歩いて交流したりする場を設け，迷ったこれまでの生活を想起できるようにした。

　子どもたちは，「確かに私も迷っちゃう」「それはね！　○○だから〜の方がいいと思うよ」「アドバイスしたい」という思いを抱けたことが，振り返りから窺えた。

第 **4** 時	教科書の話題（お礼の気持ちを伝えるなら手紙か，電話か）について，教師のアドバイス文の例を基に「もし自分の意見が電話なら」どの理由を選ぶか話し合い，アドバイスしたい話題に対する理由を選ぶ。

①教師のアドバイス文を読んだり，複数の理由を読み比べたりして，本時の課題を知る

　導入で提示した教師のアドバイス文は，以下の通りである。

　わたしは，お礼の気持ちをつたえるならば，電話がよいと思います。その理由は二つあります。

　一つ目は，わたしは，電話で話すことが好きだからです。小さいころから，家族と電話で話すのが大好きでした。

　二つ目は，使っている電話のデザインがかっこいいからです。特に「鬼滅の刃」のカバーがお気に入りです。

　このような理由から，わたしは，お礼の気持ちをつたえるには，電話がよいと考えます。

　「先生が挙げた二つの理由はどう？」と全体へ問うた。すると，一つ目「電話で話すことが好き」二つ目「使っているデザインがかっこいい」は，どちらも個人的なこと。理由になっていない，との意見が出た。そこから「じゃあ，先生は他にも理由の候補考えたんだけれど，どれとどれを選べば『なるほど』と思うかな？　考えていこう」と，課題の確認に移り，ペアや全体で話し合っていった（めあて：なるほど理由，えらぶとしたら，どれとどれ？）。

　提示した他の理由と意図は，以下の通りである。

〈提示した四つの理由〉

---

①お礼をすぐにつたえられるから
②新しい電話を買ってもらったばかりだから

---

③相手の声からどんな気持ちかがわかるから

④遠くの人にもつたえられるから

〈提示した理由ごとの意図〉

　①と③については，説得力のある理由として選ぶ児童が多いであろう。また，それぞれ「忙しくてもすぐ言える，面倒にならない，時間がかからない」（①），「声で気持ちがわかる，安心する，ちゃんと（気持ちを）理解してくれたんだということが分かる」（③）といった発言が出ると想定した。そして，②については，反対に「自分のこと，相手のためになっていない」といった理由で説得力のない理由と判断し，選ぶ児童は少ないであろう。一方，④については，「手紙だってできる」といった否定的な意見と，「外国や他の県の人たちにもすぐに伝えられる」といった肯定的意見とに分かれる。さらに，話し合いを進めるなかで「①と似ているから合体すればより説得力のある理由となるのではないか」という意見が出ることを想定し設定した。

②複数の理由の中から，「なるほど」と思う理由を二つ選び，どうしてその二つを選んだのか，ワークシートに自分の意見をまとめる／まとめたことを基に，友達とペアや全体で話し合う

　右が，使用したワークシートである。理由の番号と選んだ理由を記述し，ペアで写真のように意見を交流した。全体の話し合いでは，①〜④それぞれについて，教師が予想した意見が出て，観点を共有していった（次頁板書写真参照）。また，④については，肯定的な意見として，「①とくっつけちゃえばいいんじゃない？」と，「よさを付け足してパワーアップする」とい

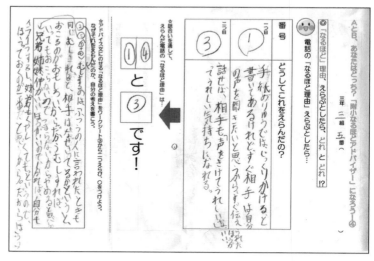

う意見が出て，話し合いが深まった。この話し合いを基に，自分が選んだお題の理由を二つ選ぶ活動へと移っていった。

　また，ねらい達成に向け，板書の工夫も行った。黒板全体で説得力の程度を示し，短冊で示した四つの理由を子どもの意見を基に操作したり，選んだ理由に対する考えの違いを可視化したりすることで，それぞれの理由の説得力の度合いや様々な電話の特徴を視覚的に理解できるようにした。全体を右側（説得力あり）・左側（説得力なし）に分け，説得力の程度を表せる

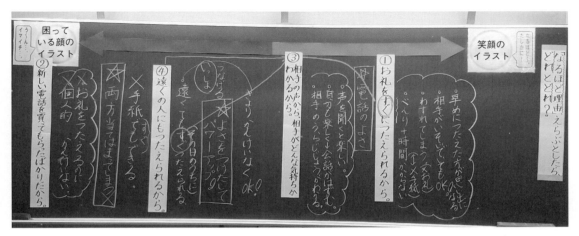

ようにした。短冊に理由を記して掲示することで，子どもの意見（説得力あるなし）によって短冊を動かし，説得力の度合いや理由の妥当性について，視覚的に理解できるようにした。また，今回の板書の構造をとることで，理由同士が比較しやすくなった。

③活動２を基に，前時のワークシートに集めた理由の中から，自分が選んだ話題について，相手が納得する理由を二つ選び，○で囲む

　選んだ話題に対する複数の理由の候補の中から，本時で学び取った観点を基に，理由を選んで○で囲んだ。さらに，前頁ワークシート左側に，選んだ理由を説明した。

　以上の実践から，説得力のある理由について話し合う中で比べる観点があぶり出され，情報同士を「比較」する目を培うことができた。

〈学習を基に実際に児童が書いたアドバイス文〉

　○「ペットとして飼うなら，ねこか，犬か」迷っている友達に対して

　　わたしは，ペットとしてかうなら，ねこがよいと思います。

　　一つ目は，ねこは犬とちがって，なく声が小さいからです。犬はたまに人をほえてしまうけど，声の小さいねこはほえたりしないので，安心してかえます。

　　二つ目は，ねこは見た目のあたたかさがあるからです。ねこは，顔や目が丸く，とても見た目が親しみやすいです。

　　このような理由から，私はペットとしてかうなら，ねこをかうとよいと思います。

（綱川　真人）

1年間のマイベストメモリー　クラス詩集を作ろう

小学校第1段階		小学校第2段階	小学校第3段階	
共通・相違	順序	比較・分類	選択	情報のつながりや関係	情報の組み込み方

1／本単元における「情報」の具体

　本単元における「情報」は，**【詩を書くために集めた言葉】**である。例えば，「ドロケイ」の詩を書くときに，「タッタッタッタッ」と「ドドドドド」どちらの方が表したい詩に合うか？というような言葉同士の比較である。ドロボウで，楽しく軽快に逃げたいから「タッタッタッタッ」がよい，ケイサツが勢いよく追いかけてくる様子を表したいから「ドドドドド」がよい。といったように，自分の思いに合わせて言葉を比較し，選ぶことができるようにした。

2／対話的な学習活動と情報の扱い方

　上記にもあるように，自分が表したい表現になっているかを友達と相談する場を設定した。友達と対話をする際には，どんな様子を表したいのかを伝えて，自分が表したい表現になっているかを一緒に確認したり，他に合う言葉がないかを考えて助言したりすることができるようにした。

3／単元の指導目標

(1) 詩を書いたり読み合ったりする際に，繰り返しや擬音，比喩の表現を使うと表したい思いがより伝わることに着目して，言葉を比較して使うことができる。　〔知識及び技能〕(2)イ

(2) 自分の思い出が伝わる詩を書くために，そのときのエピソードを思い出したり，詩集からよい表現や言葉を見付けたりして書くことができる。　〔思考力，判断力，表現力等〕B (1)ア

(3) 詩を読み合う中で，自分や友達の詩のよい表現や言葉を見付けたり，伝えたりすることができる。　　　　　　　　　　　　　　〔思考力，判断力，表現力等〕B (1)オ

(4) 繰り返しや擬音，比喩の詩の表現を基にして，自分や友達が書いた詩を進んで読み，思い出が伝わる詩になっているかを伝えようとする。　　　　「学びに向かう力，人間性等」

4 単元の評価規準

知識・技能	思考・判断・表現	主体的に学習に取り組む態度
①詩を書いたり読み合ったりする際に，繰り返しや擬音，比喩の表現を使うと表したい思いがより伝わることに着目して，言葉を比較して使っている。（(2)イ）	①「書くこと」において，自分の思い出が伝わる詩を書くために，そのときのエピソードを思い出したり，詩集からよい表現や言葉を見付けたりして書いている。（B (I)ア） ②「書くこと」において，詩を読み合う中で，自分や友達の詩のよい表現や言葉を見付けたり，伝えたりしている。 （B (I)オ）	①繰り返しや擬音，比喩の詩の表現を基にして，自分や友達が書いた詩を進んで読み，思い出が伝わる詩になっているかを伝えようとしている。

5 単元の指導計画（全6時間）

次	時	主な学習活動
1	1	・「遠足」の詩を基にして，詩に書かれている表現を知る。また，空いている連に入る言葉を考える。
2	2	・「うつのみやジュニア芸術祭」の詩や「ひばり」，「おがわ」の詩集から，詩のよい表現や言葉を見付け，タブレット端末に累積する。
	3	・1年間の思い出を想起し，詩で伝えたい思い出を決め，よい表現や言葉を集める。
	4	・「ドロケイ」の詩を書き，詩のよい表現や言葉を見付け，伝え合う。
3	5	・第2次までに学んだよい表現を使ったり，タブレット端末に累積した言葉を選んだりして，自分の思い出を伝える詩を書く。
	6	・完成した詩を読み合い，自分や友達が書いた詩のよさを見付け，伝え合う。 ・作った詩集を読んで楽しむ（休み時間，宿題等）。

6 授業の実際と指導の工夫・成果

第 1 時　詩に書かれている表現を見付け，空いている連に入る言葉を考える。

　子どもたちは，詩を読むことには慣れ親しんできたが，本格的に詩を書くことは今回が初めてだった。授業の初めの頃，単元のゴールについて話したときの反応は，「楽しみだ」と答える子が半分，「書けるかな，不安だな」と思う子が半分だった。そこで，教師の例示から詩の表現を見付け，3連目のみを考えるという学習展開にした。子どもたちが見付けた詩の表現は「リズムがいい」「『やったあ！』のところが繰り返されている」「大仏みたいは変」などであった。「じゃあ何みたいならいいの？」と問うと，「太陽みたい」「ひまわりみたい」「お花みたい」と答えた。なぜか問うと，「やったあ！」ってことは嬉しいこと。大仏みたいだとつまんなそうに見えると答えた。「遠足」という共通のテーマで，3連目のみを考えるという学習でも，使われている表現を見付け，自分なりに3連目の詩を書く姿があった。授業の最後の頃には，不安に思っていた子たちも「こんな詩ができそう」と思いついた言葉を口ずさんだり，「1番の思い出って何かなあ」「〇〇さんは何にする？」と話したりする姿があった。学習の見通しを持つことができると，子どもたちの意欲は向上し，もっとやってみたいな，これならできそうだなと思える様子であった。

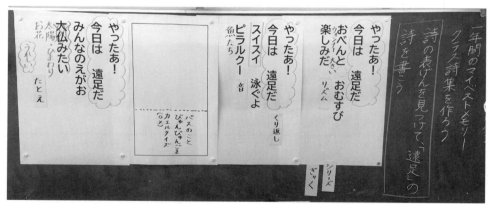

第 2 時　「うつのみやジュニア芸術祭」の詩や「ひばり」，「おがわ」の詩集から，詩のよい表現や言葉を見付け，タブレット端末に累積する。

　前時に3連目の詩を書けたという達成感はあるものの，まだ詩の書き方は不慣れな子どもたち。今まで読んできた「おがわ」「ひばり」には，どんな表現があったのだろう。「うつのみやジュニア芸術祭」の詩には，どんな表現があるのだろう。無自覚に読んできたものを自覚していく時間の設定をした。すると，今まで読んできた詩には，昨日自分たちが見付けたような詩の表現が多くあることや，雨がテーマの詩の中には多様なオノマトペ（音）があること（当た

るものによって変わるなど）に気付いていた。今回はタブレット端末のマークアップ機能を使って，自分の気付きを累積し，自分が詩を書く際の参考にできるようにした。

第 3 時　1年間の思い出を想起し，詩で伝えたい思い出を決め，よい表現や言葉を集める。

　1年間の思い出の中から，1番の思い出（マイベストメモリー）を決め，詩に使いたい言葉やよい表現を集める時間を設定した。1年間のマイベストメモリーであれば，学校の内外は問わないことにした。単元構想段階では，学校や冬休みなど制限を設けようとも考えていたが，子どもによっては家庭のことだと詩にしにくい，学校のことじゃない方が書きやすいなど，様々な意見が出るだろうと考えた。何より，クラスの友達の1番の思い出だけで，十分魅力的なものになると考えた。子どもたちからは，運動会，クラス替え，遠足，クリスマス会，社会科見学，習い事の発表会…いろいろな意見が出た。子どもたち同士自由に話し合う時間も設定したことで，「○○くんといえば虫取りでしょ！」「○○さん，あのとき嬉しそうだったよ。そのことはどう？」など，会話が弾む様子があった。自分よりも自分のことを知っている友達，いろんなことをよく見て覚えている友達，いろんな友達の話を聞いて刺激をもらっている様子だった。次時で扱う共通課題「ドロケイ」の言葉集めをし，自分の詩の言葉集めも行った。「走る音ってどんな音がある？」と問い，その場で走った音を聞き，聞こえた音を書き留めるなど，動作を言葉にしていく活動も楽しんでいる様子だった。また，「たとえ」もたくさん出た。「チーターみたい…とにかく速い」，「イノシシみたい…ものすごい勢いで追いかけてきそう」，「ハンターみたい…逃走中のハンターくらい疲れず追いかけてくる」など，子どもたちの想像したものと表す言葉を聞くと，よい詩ができ上がりそうだと感じた。

第 4 時 「ドロケイ」の詩を書き，詩のよい表現や言葉を見付け，伝え合う。

　この時間は，前時までに集めた「ドロケイ」を表す言葉から，続きの詩を書き，選んだ言葉を見比べる学習を行った。共有をするタイミングは2回行い，1回目の共有は言葉同士の比較。どんな言葉をどんな表現で用いたのかというところである。たとえば，ドロケイで走っている様子の音の言葉の比較だとすると「タッタッタッタッ」と「ドドドドド」どちらが合う表現になるのか，ということである。2回目の共有は，1回目のものに「書き手の意図を付け足したもの」にした。ドロケイの言葉集めをした段階で，どんなドロケイの詩を書きたいのかを子どもたちに書かせた。「逃げるのがしんどいドロケイ」「ドロも楽々，ケイはもっと楽々」それぞれテーマが異なっており，そのテーマに合う言葉を選んだり表現になったりしているかを確かめる展開をねらった。子どもたちは，互いの詩を読み合い，意図に合う言葉や表現になっているかを確かめ，付箋でコメントを残し，送り合った。

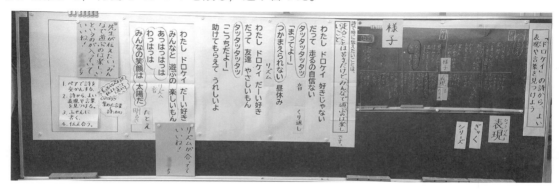

第 5 時 学んだ表現を生かして，自分の思い出を伝える詩を書く。

　いよいよ，マイベストメモリーの詩を書く時間。タブレットに累積してきた詩の表現や言葉，3時間目の授業で集めた言葉を選び，今回学ぶべきこととした詩の表現「反復」「オノマトペ」「比喩」のいずれかを入れて，リズム感のある詩にしていく。前時の「ドロケイ」の詩を基に，交互に繰り返すやり方だとより楽しい詩になるから自分の詩に生かしたいと言っていた子は，クラス替えのドキドキ感とわくわく感を交互に表す詩を書くことができた。自分の思いにもぴったり合い，今日の詩は先生に提出するけど，お家の人にもすぐ見てもらいたい！　と書いた詩の写真をタブレットで嬉しそうに撮って帰る姿があった。

第 6 時　完成した詩を読み合い，自分の詩や友達が書いた詩のよさを見付け，伝え合う。

完成した詩を読み合い，自分や友達が書いた詩のよさを見付けて伝え合った。クラスの友達のマイベストメモリーが何なのか，聞く方もとても生き生きとした表情で聞いていた。「○○さんのマイベストメモリーってそれなんだ！　意外！」「繰り返しがたくさんあってドキドキ感が伝わるよ！」「テチテチって言葉いいね！　子犬がかわいらしく歩いている感じがする！」と，伝え合うことができていた。でき上がった詩集には自分で名前を付けた。思い出詩集，クラス詩集，「ひばり」や「おがわ」の続きの3作目として「すずめ」「すみれ」など，一人一人の子たちが楽しそうに付けている姿が印象的だった。この日から，音読の宿題で友達の詩を読んでくる姿が度々見られ，「今日，○○さんの詩を読んできたよ！」「えーっ！　うれしいけど，恥ずかしいな」というやりとりも生まれていた。

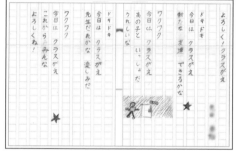

【成果と課題】

成果として挙げられることは三つある。一つ目は，子どもたちの実態に合わせた単元づくりを行うことで，意欲的に学習し続けることできた点である。詩の表現がわかり，自分のマイベストメモリーの詩を書くときの見通しを持てたことで，意欲的に学習に取り組むことができた。二つ目は，詩で学ぶべきことを決めて実践したことで，評価をしやすくなったことである。詩は自由に書くことのよさもあるが，評価に悩まされてきた学習でもある。今回の授業では，小学3年生なりに学ぶべき詩の表現を決めたことで，子どもたちも悩みなく取り組むことができ，教師自身も評価がしやすくなった。最後に，共有する時間を複数設けたことで，自分や友達が書いた詩の表現や言葉のよさに気付くことができた点である。今回の単元は，書く→共有するという学習活動を3回行った。繰り返し行うことで，友達の詩の表現や使う言葉のよさに気付き，自分の詩でも生かしたいと少しずつレベルアップする姿が見られた。

課題は，詩をよりよくするための視点が複雑だったことである。言葉同士の比較（タッタッタッタッとドドドドどちらが合う？）をねらっていたが，多くの子どもたちは言葉を確定させた上で，詩のどの表現（反復，オノマトペ，比喩）を用いるとより思いが伝わるのかや，リズムに合う表現にするためにどの言葉を選択して整えるとよいのかを重視していた。子どもの学びをつぶさに見取り，子どもの思考過程に沿った実践を積み重ねていきたい。（南（古西）　はるか）

この人のこと，語り合おう　〜ごんぎつね〜

小学校第１段階		小学校第２段階		小学校第３段階	
共通・相違	順序	**比較・分類**	選択	情報のつながりや関係	情報の組み込み方

1　本単元における「情報」の具体

　本単元では，「登場人物の性格について，叙述を基に考えを語り合う」という言語活動を設定した。教材文を手がかりに友達に語ったり友達の考えを聞いたりする中で，登場人物の性格を明らかにしていけるようにした。それぞれの登場人物の性格について考えられるよう，**【登場人物の行動・会話・気持ちに関する叙述】**を本単元における情報とし，単元の中でそれらに着目していくことができるようにした。

2　対話的な学習活動と情報の扱い方

　【登場人物の性格について，叙述を分類・比較し，それを基に考えたことをクラス全体やグループで語り合う】ようにした。具体的には，教材文から着目した叙述をノートに書き，線で囲んだり，矢印で関係を示したりした。これを基に登場人物の性格について考え，友達に伝えたり，友達の考えを聞いたりすることを繰り返し，登場人物の性格について理解を深めていくことができるようにした。

3　単元の指導目標

(1) 登場人物の行動や会話などの叙述を見付け，比較したり，似ているところを結び付けたりして整理することができる。　〔知識及び技能〕(2)イ

(2) 登場人物の性格について語り合う目的を持ち，複数の場面の登場人物の行動や会話などの叙述を基に登場人物の気持ちを想像し，性格について考えることができる。
〔思考力，判断力，表現力等〕C (1)エ

(3) 登場人物に関心を持ち，登場人物の気持ちや行動の理由について想像しようとしたり，想像したことを積極的に友達と交流しようしたりする。　「学びに向かう力，人間性等」

4 単元の評価規準

知識・技能	思考・判断・表現	主体的に学習に取り組む態度
①登場人物の行動や会話などの叙述を見付け，比較したり，似ているところを結び付けたりして整理している。 （(2)イ）	①「読むこと」において，登場人物の性格について語り合う目的を持ち，複数の場面の登場人物の行動や会話などの叙述を基に登場人物の気持ちを想像し，性格について考えている。（C(1)エ）	①登場人物に関心を持ち，登場人物の気持ちや行動の理由について想像しようとしたり，想像したことを積極的に友達と交流しようとしたりしている。

5 単元の指導計画（全12時間）

次	時	主な学習活動
1	1	・「モチモチの木」を読み，叙述を基に豆太の性格を語り合う。「物語の登場人物がどのような人物かについて語り合う」という学習の見通しを持つ。
	2	・ブックトークを聞き，様々な性格を持つ登場人物が描かれている本の並行読書を始める。
2	3	・教材文を読み，ごんはどのような人物と感じたか，感想を話し合う。
	4 5 6 7 8 9	・教材文から行動や会話などのごんの性格に関わる叙述を見付けノートに累積する。見付けた叙述を比較したり，似ているところを結び付けたりしてごんの気持ちを想像し，ごんの性格について考えたことを語り合う。
3	10 11	・並行読書から選んだ本で，登場人物の性格に関わる叙述を探し，ノートに累積する。見付けた叙述を比較したり，似ているところを結び付けたりして登場人物の気持ちを想像し，登場人物の性格について考える。
	12	・同じ本を選んだ友達と，グループで登場人物の性格について語り合う。

6 / 授業の実際と指導の工夫・成果

第 1 時	「モチモチの木」を読み，叙述を基に豆太の性格を語り合う。「物語の登場人物がどのような人物かについて語り合う」という学習の見通しを持つ。

○「モチモチの木」を読み，叙述を基に豆太の性格を語り合う

　3年生で学習した「モチモチの木」は，豆太の行動や会話から気持ちを捉えやすく，豆太がどのような人物であるか捉えやすい。また，既習であるため子どもたちにとって物語の内容を想起しやすいであろうことから，語り合いの例示として提示した。

　全文を範読した後，豆太がどのような人物であるかがわかる叙述に線を引くようにした。1時間で語り合うことから，グループで場面を分担して取り組んだ。

　豆太がなぜそのような行動を取ったのか，勇気があるということはどういうことなのかについて，友達と語り合うことで読みを深めていった。豆太の様子について，似ているところを色や囲みで分類したり，昼と夜など，豆太の様子を矢印で対比させたりしながら整理していった。

　豆太の学習を経て，人物の性格を掴むためには，行動や会話の叙述に注目するとよいことを確認できた。

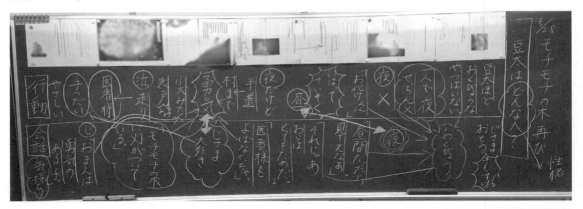

第 2 時	ブックトークを聞き，様々な性格を持つ登場人物が描かれている本の並行読書を始める。

○並行読書

　「登場人物の性格が把握できる行動，会話文の叙述があるもの」かつ，「4年生が短時間で読める長さ」の物語を並行読書とした。今回は，2～4年生の教科書教材を中心に選んだ。

「モチモチの木」	豆太	東京書籍・3年下　導入で使用。
「わたしはおねえさん」	すみれ	光村図書・2年下

「サーカスのライオン」	じんざ	東京書籍・3年上
「おにたのぼうし」	おにた	教育出版・3年下
「のらねこ」	のらねこ	教育出版・3年上
「ポレポレ」	ピーター	学校図書・4年上
「手ぶくろを買いに」	ぼうや	東京書籍・3年下

　並行読書の物語の冒頭を紹介した。文章の長さもちょうどよく，様々な物語を自ら手に取り，読み進めることができた。子どもたちの間では，「ポレポレ」の人気が高かった。登場人物のピーターが魅力的で「友達にいたらいいね」と話す子どももいた。

> **第4〜9時**　教材文から行動や会話などのごんの性格に関わる叙述を見付けノートに累積する。見付けた叙述を比較したり，似ているところを結び付けたりしてごんの気持ちを想像し，ごんの性格について考えたことを語り合う。

①第一場面の語り合い

　この時間は教師主導で整理した。これを生かして，第2次後半から第3次は，子どもが自力で叙述の分類や関連付けといった整理ができるように，自分が考えたことを書くよう促したり，励ましたりして段階的に展開していった。

　板書も子どものノートも2段にした。上段に見付けた叙述（行動や会話など），下段にそこから考えたことを書けるようにした。クラスで話し合いながら，関連を見付けた叙述を囲んだり，矢印で結んだりした。どのような人物かわかる叙述を探し，見付けた叙述を基にして，ごんについて語り合った。

　C：ぬるぬるして手でつかめないなら，一匹くらいあきらめればいいのに。
　C：うなぎを咥えてまで逃がそうとする。"絶対にいたずらしたい"という気持ちを感じる。
　C：なぜそこまでしていたずらするのかな。
　C：「ひとりぼっち」ってあるから，だから？
　C：いたずらが楽しいのかな。

　この場面では，ごんのいたずらの具体が多く出た。「ひとりぼっち」に注目した子どももいたが，少なかった。

②第三場面の語り合い

　本文の拡大掲示も合わせて示すようにした。意見を述べる際に友達が指摘した叙述がどこに

あるのかわからないでいる子どもにとって，手がかりとなるようにするためである。叙述と叙述との関連を視覚的に理解できるようにする効果もあった。

C：ごんは兵十を心配しているんだよ。

C：やさしいよね。

C：いろいろあげたんだけど……それがつながって。

C：いわしをあげたことで，よいことをしたとごんは思っていたけど，兵十のけがを見て「これはしまった。」と感じたんだと思う。だから，盗んだものではない，自分でできる精一杯のこと…つまり，栗や松茸をあげることにしたのだと思う。

C：（興奮した様子で複数の子どもが）そうそうそう！

　前時までのノートを見返したり，教材文に戻ったりしながら，自分が思うごんの性格とその根拠について語り合った。ごんの性格について似た意見を持っている子ども同士で語り合ったり，クラス全体で語り合ったりして，ごんの性格について考えを深めていった。

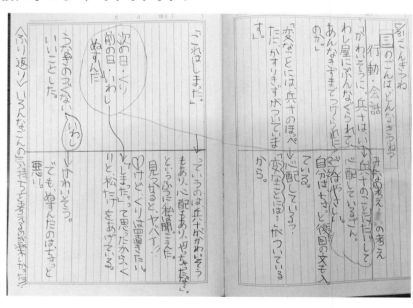

C：ごんはさびしがりや。みんなから注目を浴びたくて，いたずらしていたと思う。（兵十の）おっかあが死んでから，ごんも変わったと思う。

C：少しかわいそうなきつね。みんないたずら好きって言うけれど，ひとりぼっちで人と関わりたくていたずらをしている。

C：兵十のおっかあが死んでから，兵十の気持ちがわかっていたずらもやめたし，なぐさめに栗や松茸を持ってきたりしていて，それが優しいんじゃないかな。

第12時　同じ本を選んだ友達と，グループで登場人物の性格について語り合う。

①並行読書から選んだ本で，登場人物の性格について考え，友達と語り合う。

子どもたちが各々選んだ本の登場人物の性格についてノートにまとめたことを基に，友達と語り合った。

C：すみれちゃんは，優しい女の子。
C：かりんの絵を消すのをやめたからね。せっかく描いた絵を消すのをやめたし。
C：うん。怒らなかった。
C：落書きを許して，歌を作っていて，妹思いだよね。

「わたしはおねえさん」を選んだ子どもたちのグループでは，すみれちゃんがどのような性格であるのか，それぞれの子どもたちが着目した叙述を基に語り合っていた。時折子どもたち自身の生活経験を交えながら語り合い，考えを深めている様子が見られた。

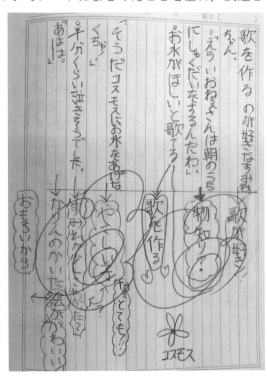

②単元の振り返り

並行読書の本でも，「ごんぎつね」での学習を生かして行動・会話・気持ちに関する叙述を見付け，関係するものを結び付けて登場人物の性格を考えている様子が見られた。「〇〇さんと同じお話だけど，感じたことが違った！　次から本を読むとき，登場人物がどんな人か考えながら読めると思う」「前はまとめるのが苦手だったけど得意になった！　楽しかった。どんな人かわかった」という子どもたちの振り返りがあった。叙述を比較・分類したことを基に，登場人物の性格を考えられたことを実感していた子どもが多く見られた。　　　　（見目　真理）

あなたのお悩み，解決します！　～わたしの考えたこと～

小学校第1段階		小学校第2段階		小学校第3段階	
共通・相違	順序	比較・分類	選択	情報のつながりや関係	情報の組み込み方

1／本単元における「情報」の具体

　本単元では，「2年生のお悩み解決をする新聞記事『大勢の中のあなたへ』の文章を書く」言語活動を設定した。「大勢の中のあなたへ」とは，読者からの手紙（多くは悩み）に対し作者が返事を書くという朝日小学生新聞掲載のひきたよしあき氏によるコラムである。このコラムの書き方を使って，適切な事例を取り入れたお悩みを解決する文章を書くことにした。このお悩みを解決する文章に取り入れた**【事例（失敗した経験，成功した経験，人から聞いた話，本や新聞に書いてあったこと，ニュースなど）】**を本単元で扱う「情報」とした。

2／対話的な学習活動と情報の扱い方

　どの事例を取り入れれば2年生がより納得できるのかは，お悩みによって異なる。そのため，回答に合うよりよい事例を検討し，選択することができるよう，どのような事例が挙げられているか分類したり，より伝わる事例は何か比較したりする活動を取り入れ，その上で選択できるようにした。その際に，全体で話し合う場と個人で考える場を段階的に設定し，子どもたちの選材の力が高められるようにした。

3／単元の指導目標

(1) 2年生のお悩みに対する回答者の考えと，事例との関係について捉えることができる。

〔知識及び技能〕(2)ア

(2) 2年生のお悩みが解決するよう，適切な事例を選んだり，表現の仕方を考えたりして自分の考えを書くことができる。　　　　　　　　　　　〔思考力，判断力，表現力等〕B (1)ア

(3) 自分の考えを2年生に伝えるために，事例の種類やその効果と表現の仕方について，複数の新聞記事「大勢の中のあなたへ」の文章を比較しながら読むことができる。

〔思考力，判断力，表現力等〕C (1)ア

(4) 2年生のお悩みを解決することに関心を持ち，進んで新聞記事「大勢の中のあなたへ」を読んだり，適切な事例を選んで書いたりしようとする。　　　　　「学びに向かう力，人間性等」

4 / 単元の評価規準

知識・技能	思考・判断・表現	主体的に学習に取り組む態度
①2年生のお悩みに対する回答者の考えと，事例との関係について捉えている。((2)ア)	①「書くこと」において，2年生のお悩みが解決するよう，適切な事例を選んだり，表現の仕方を考えたりして自分の考えを書いている。(B(1)ア) ②「読むこと」において，自分の考えを2年生に伝えるために，事例の種類やその効果と表現の仕方について，複数の新聞記事「大勢の中のあなたへ」の文章を比較しながら読んでいる。(C(1)ア)	①2年生のお悩みを解決することに関心を持ち，進んで新聞記事「大勢の中のあなたへ」を読んだり，適切な事例を選んで書いたりしようとしている。

5 / 単元の指導計画（全10時間）

次	時	主な学習活動
1	1	・2年生のお悩みを知り，新聞記事「大勢の中のあなたへ」を読む。「2年生のお悩みを解決するために，新聞記事『大勢の中のあなたへ』を書く」という学習の見通しを持つ。
	2	・自分が答えられそうな2年生のお悩みをいくつか選ぶ。
2	3	・新聞記事「大勢の中のあなたへ」を読み，思ったことや気付いたことを話し合う。
	4	・新聞記事「大勢の中のあなたへ」を累積し，読み比べて気付いたことを話し合う。
	5	・複数の新聞記事「大勢の中のあなたへ」を読み比べ，事例の効果や表記について話し合う。
	6	・自分が選んだ2年生のお悩み回答に使えそうな事例を集めたり，考えたりする。
	7 8	・自分が選んだ2年生のお悩みに回答する新聞記事「大勢の中のあなたへ」を書く。
	9	・書いた新聞記事「大勢の中のあなたへ」を読み合い，推敲する。
3	10	・書いた新聞記事「大勢の中のあなたへ」を2年生に読んでもらい，交流する。

6 / 授業の実際と指導の工夫・成果

第 2 時　自分が答えられそうな2年生のお悩みをいくつか選ぶ。

○2年生が書いたお悩みを読む

　前時に「紹介した新聞記事『大勢の中のあなたへ』のように2年生のお悩み回答を書いてみよう」と投げかけたため，「どんなお悩みがあるのかな」と子どもたちは関心が高い様子であった。実際に兄弟学級の2年生が書いたお悩みを読む前に，「誰がどのようなお悩みを抱いているのかは秘密にすること」「悩んでいることに対し，誠実に向き合うこと」を，気を付けることとして押さえた。お悩みとして挙がったものを以下にいくつか示す。

> ・どうすれば音読が上手になるか知りたい。　・もっと速く走りたい。
> ・勉強が好きになりたい。　　　　　　　　　・野菜を食べられるようになりたい。
> ・友達となかよくしたい。　　　　　　　　　・もっと字がきれいになりたい。
> ・サッカーがうまくなりたい。　　　　　　　・テストでいつも100点取りたい。

　お悩みを読み始めると，「これ，わかる！」と声を上げたり，「これなら答えられそう」「これは○○さんが答えられそうじゃない」と話したりしている様子が見られた。自分が答えられそうなお悩みをいくつか見繕い，ノートに記録するようにした。

第 3 時　新聞記事「大勢の中のあなたへ」を読み，思ったことや気付いたことを話し合う。

○新聞記事「大勢の中のあなたへ」を音読し，気付いたことを話し合う

　第2次では，自分が回答を書くときにどのようにすればよいか，新聞記事「大勢の中のあなたへ」を基に考えられるようにした。

　導入で紹介した「頭がよくなりたいあなたへ」というタイトルで書かれていた新聞記事「大勢の中のあなたへ」を音読し，気付いたことを話し合った。文章の内容面として，「お悩みの答えが最後のところに書いてある」「説明の文と似ている」「中に，たくさんどうしてそうするとよいかという理由が書かれている」などが子どもたちから挙げられた。また，「『○○

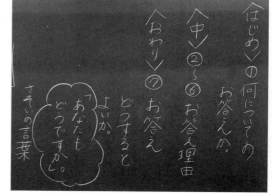

してはどうですか』と呼びかけている」など，文章の表記の仕方に気付いた子どももいた。

第 4 時　新聞記事「大勢の中のあなたへ」を累積し，読み比べて気付いたことを話し合う。

○自分の回答に参考になりそうな新聞記事「大勢の中のあなたへ」を見付け，累積する

　他の新聞記事「大勢の中のあなたへ」ではどうなのか，記事を読み比べ，自分の回答に参考になりそうなものを累積した。読み比べて気付いたことを話し合うと，子どもからは，「はじめ・中・終わりになっている」「『はじめ』の文章は，どの記事もほとんど同じ」「『中』に，お答え理由がいろいろ書いてある。経験したことが書いてあるのではないか」「『終わり』のところは長い文章であるものも，短い文章であるものもあった」などが挙がった。「中」に書いてあることについて，新聞記事を読み比べ話し合うと，「経験したこと以外が書いてあるものもある」と話した子どもが見られた。そこで次時は，「『中』に書いてあること」について詳しく読むよう伝えた。

第 5 時　複数の新聞記事「大勢の中のあなたへ」を読み比べ，事例の効果や表記について話し合う。

○「『中』に書いてあること」について詳しく読む

　新聞記事「大勢の中のあなたへ」の「『中』に書いてあること」に着目し，お答え理由として，どのような事例が書かれているか読み比べた。「子どもの頃のことを書いてある」「こうしたらできるようになったと書いてある」「塾の先生の言葉が書いてある」など様々な事例に気付くことができた。

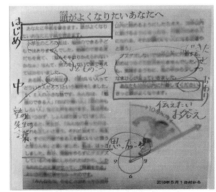

朝日学生新聞社，2019年3月5日新生活応援号「朝日小学生新聞」特3面より

　また，それぞれの事例を読み手が読んだときに，どのような気持ちになるかも検討した。「子どもの頃のことが書いてあると，昔はこうだったんだなって安心する」「できなかった経験から，できるようになったって書いてあると，自分もできるようになるかもってやる気が出そう」など，事例の効果についても読み比べたことを基に考えた。2年生にお答えを書くときに

は，「安心してほしいから，自分が失敗した経験を書いてみる」など，それぞれの事例の効果
を生かしていくとよいことを話し合った。

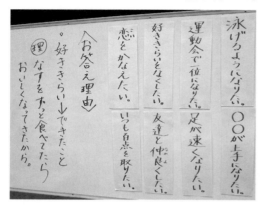
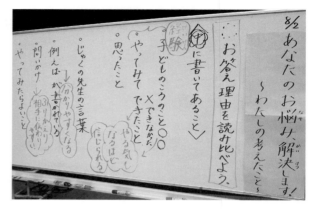

第 9 時　書いた新聞記事「大勢の中のあなたへ」を読み合い，推敲する。

①読み合い，推敲する

書き上げた回答をお互いに読み合い，誤字脱字を指摘したり，2年生に伝わる平易な表現か
を確認したりした。2年生に伝わ
るよう，漢字にふりがなを付けて
いる子どもも多く見られた。

また，読んだ感想を伝え合う時
間を設けた。友達の回答を読むこ
とで，「これならわかりやすいね」
「なるほど」など，それぞれのよ
さを見付けたり，自分の参考にし
たりすることができた。

②回答を書いたり，読み合ったり
###　した感想をノートに書く

読み合いの後，回答を書いたり，
読み合ったりした感想をノートに
まとめた。書くことに対し，前向
きな気持ちになったことを書いて
いる子どもが多く見られた。

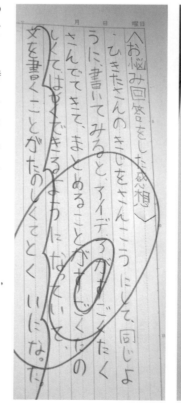
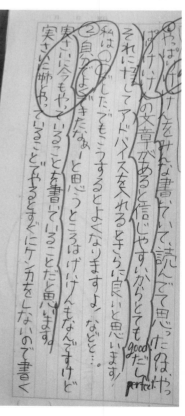

書いた新聞記事「大勢の中のあなたへ」を2年生に読んでもらい，交流する。

○2年生との交流

　2年生に書いた回答を渡し，読んでもらった。その場で回答の補足をしたり，感想を聞いたりすることができたため，交流後の子どもたちはとても満足そうな表情をしていた。選択した事例がわかりやすかったかどうか，2年生の反応で感じ取ることができたため，どのような書き方がよかったのか振り返り，次に生かそうとする様子が見られた。友達や下級生と関わり，書いた文章がどのように読まれたかを知ることで，相手に伝わる事例を選んで書こうとする意識が高まったことが成果である。

　以下に子どもの回答を2つ示す。

あなたに手紙を書きます。足が速くなりたりあなたに手紙を書きます。

ようち園のころのぼくは、足がそんなに速くありませんでした。運動会のときゅうそうはいつも3位くらいでした。「みんな足が速いなぁ」なんて、練習をしないで考えてばかりいました。

ある時、お母さんが「前を向いて走ったら速くなると思うよ」と言われました。ぼくはたしかに、横の人を見てしまい集中できていませんでした。

前を向いて走るようにする。初めは、少し横の人を見てしまいました、でも実践するうちに、だんだん前を見ながら走ることができました。

あなたも前を向いて走ってください。きっと足が速くなります。

　あなたに手紙を書きます。音読が上手になりたいあなたに手紙を書きます。昔の私は音読が上手なわけではありませんでした。

　3年生の春，先生から質問がありました。

「音読が上手にできるコツって何かな」

　私は考えが浮かばなくて，みんなの意見を聞いているばかりでした。みんなは「間違えないこと」「はっきりと読むこと」「相手の目を見て音読すること」など自分の意見を言っています。先生は意見を聞いて，

「みんなの意見に加えて，毎日練習することも大事だね」

と言いました。

　私もそう思いました。今まで毎日やらず適当に読んでいるだけでした。

　だからあなたも音読のコツを守って毎日練習してください。きっと上手になります。

※本実践は，第24回 NIE 全国大会宇都宮大会（2019）で実施した。

（見目　真理）

物語のおもしろさを解説書にまとめよう

小学校第1段階		小学校第2段階		小学校第3段階	
共通・相違	順序	比較・分類	選択	情報のつながりや関係	情報の組み込み方

1 本単元における「情報」の具体

　本単元では，「宮沢賢治の物語のおもしろさを解説書にまとめる」という言語活動を設定した。物語のおもしろさにつながる，登場人物の人物像を考えたり，様々な言葉の表現を見付けたりして，それらがなぜおもしろさにつながっているのかについて解説する文章を書くことにした。そのため，本単元における「情報」を**【物語の構成や登場人物の人物像，言葉の工夫に関わる叙述】**とした。

2 対話的な学習活動と情報の扱い方

　物語の構成や登場人物の人物像，言葉の工夫に関わる叙述に着目して読み解く際，友達とクラス全体やグループで話し合いながら考えを深めていけるようにした。また，話し合ったことを基に，物語のおもしろさについて，事実（叙述）と自分の考えを「解説書」にまとめ，累積していけるようにした。

3 単元の指導目標

(1) 比喩や反復などの工夫に気付くことができる。　　　　　　　　　〔知識及び技能〕(1)ク

(2) 原因と結果の関係を見いだし，結び付けて捉えることができる。　〔知識及び技能〕(2)ア

(3) 事実と感想，意見とを区別して書いたりするなど，自分の考えが伝わるように書き表し方を工夫することができる。　　　　　　　　　　　〔思考力，判断力，表現力等〕B (1)ウ

(4) 人物像や物語の全体像を具体的に想像したり，表現の効果を考えたりすることができる。
　　　　　　　　　　　　　　　　　　　　　　　　〔思考力，判断力，表現力等〕C (1)エ

(5) 文章を読んで理解したことに基づいて，自分の考えをまとめることができる。
　　　　　　　　　　　　　　　　　　　　　　　　〔思考力，判断力，表現力等〕C (1)オ

(6) これまでに学習したことを振り返って学習課題を明確にし，学習の見通しを持って，進んで表現の工夫を見付け，物語のおもしろさを解説する文章を書こうとする。
　　　　　　　　　　　　　　　　　　　　　　　　　　　「学びに向かう力，人間性等」

4 単元の評価規準

知識・技能	思考・判断・表現	主体的に学習に取り組む態度
①比喩や反復などの工夫に気付いている。（(1)ク） ②原因と結果の関係を見いだし，結び付けて捉えている。 　　　　　　　　　　((2)ア)	①「書くこと」において，事実と感想，意見とを区別して書いたりするなど，自分の考えが伝わるように書き表し方を工夫している。（B(1)ウ） ②「読むこと」において，文章を読んで理解したことに基づいて，自分の考えをまとめている。（C(1)オ）	①これまでに学習したことを振り返って学習課題を明確にし，学習の見通しを持って，進んで表現の工夫を見付け，物語のおもしろさを解説する文章を書こうとしている。

5 単元の指導計画（全8時間）

次	時	主な学習活動
1	1 2	・「どんぐりと山ねこ」の解説文を読み，「宮沢賢治の物語のおもしろさを解説書にまとめる」という学習課題を知る。 ・「どんぐりと山ねこ」の解説文を基に，解説に必要な事柄を理解する。
2	3	・「注文の多い料理店」を読み，感想を話し合う。 ・物語のおもしろさにつながる構成や言葉の工夫について話し合い，考えたことを「解説書」に書く。
	4 5 6	・扉の言葉や出来事，紳士の言動に着目し，紳士の人物像について考えたり，表現の工夫を見付けたりする。 ・見付けた叙述を基に，紳士の人物像や表現の工夫について話し合い，考えたことを「解説書」に書く。
3	7	・教科書巻末の「宮沢賢治」を読む。 ・物語の最後の一文を基に，宮沢賢治が伝えたかったことについて自分の考えを「解説書」に書く。
	8	・友達と「解説書」を交換し，読み合う。

6 / 授業の実際と指導の工夫・成果

> **第1・2時** 「どんぐりと山ねこ」の解説文を読み，「宮沢賢治の物語のおもしろさを解説書にまとめる」という学習課題を知り，解説に必要な事柄を理解する。

① 「どんぐりと山ねこ」の読み聞かせを聞き，感想を話し合う

　読み聞かせの前に，宮沢賢治を知っているか子どもたちに問いかけたところ，ほとんどの子どもが名前は聞いたことがあると話していた。具体的な作品を挙げられる子どもはそれよりも少なかったが，いくつか作品名を挙げると，朧気な様子ながら読んだこと（聞いたこと）がある気がすると話す子どもが複数いた。「どんぐりと山ねこ」については，内容をはっきりと覚えていないようであった。場面絵を示しながら読み聞かせを行った。子どもたちは，物語の中に入り込んで聞いている様子であった。

② 「どんぐりと山ねこ」の解説文にどのような事柄が描かれているか考え，解説に必要な事柄を理解する

　学習の見通しが持てるように，文庫版の『ポプラポケット文庫　日本の名作(1)　注文の多い料理店』（ポプラ社）の巻末に掲載されている，金平正氏の解説文を例示として提示した。この金平氏による「どんぐりと山ねこ」の解説文にどのような事柄が描かれているか，線を引いたり考えを書き加えたりして，見付けたことを話し合った。それを基に，解説を書くために着目するとよいこととしてまとめた。「注文の多い料理店」で，これらに着目して考えていくことを理解し，見通しを持てるようにした。

> 【解説を書くために着目するとよいこと】
> ①構成の工夫
> ②言葉の工夫（色彩，様子や音，反復，比喩，暗喩，二つの意味をかけた言葉）
> ③人物像
> ④出来事（展開）

> **第3時** 「注文の多い料理店」を読み，感想を話し合う。物語のおもしろさにつながる構成や言葉の工夫について話し合い，考えたことを「解説書」に書く。

①構成の工夫に着目し，話し合う

　「注文の多い料理店」の感想を尋ねると「どんぐりと山ねこ」と比較する子どもが複数いた。

Ｔ：「注文の多い料理店」，読んでみてどう思った？
Ｃ：紳士ってだめだなって思った。ありえないって。
Ｃ：山猫がこっちにも出てきた。「どんぐりと山ねこ」と違って，悪いやつ。
Ｃ：「風がどうとふいてきて」っていうところも同じだった。「どんぐりと山ねこ」と同じところもありそう。

　解説を書くために着目するとよいこととしてまとめた，①構成の工夫や②言葉の工夫③人物像④出来事（展開）に関わることについて，それぞれ感想を述べる子どもがいた。
　この時間は，特に物語の構成に関わる，「風がどうとふいてきて」について考えたことを話し合うようにした。

Ｃ：（「風がどうと吹いてきて」について）不思議な世界に入っていったところ。
Ｃ：え，（「どんぐりと山ねこ」は）それより前からじゃない？　きのこの楽隊とかいたし。
Ｃ：鉄砲撃ちがまごつくらいの山奥だから，そもそももう不思議な世界だと思う。
Ｃ：（「注文の多い料理店」で）白くまのような犬が死んだところも不思議。死んだはずなのに，後で戻ってくるのはおかしい。

Ｃ：不思議な世界の出口もあると思った。物語の最後のほうにも「風がどうとふいてきて」って書いてあった。白くまのような犬が生き返ったのもそのあたり。
Ｃ：これは山猫の登場と関係していると思う。「どんぐりと山ねこ」も山猫が来たときに風が吹いていた。

　見付けた叙述を基に，不思議な世界の入口と出口はどこか考え，話し合う様子が見られた。複数場面を結び付けたり，他の物語と関連させたりして考える様子も見られた。

②話し合ったことを基に「解説書」を書く

　話し合ったことを基に，「解説書」に自分が考えたことをまとめるようにした。「解説書」は事実（叙述）と自分の考えを分けて書くことができるようにした。物語の現実の中に，不思議な世界の始まりと終わりが入っているなど，①構成の工夫に着目して書いている子どもが多かった。また，「風がどうとふいてきて」などの擬音語に着目し，宮沢賢治の音の表現や言葉の

響きのおもしろさや，白くまのような犬に着目して書いている子どもも見られた。

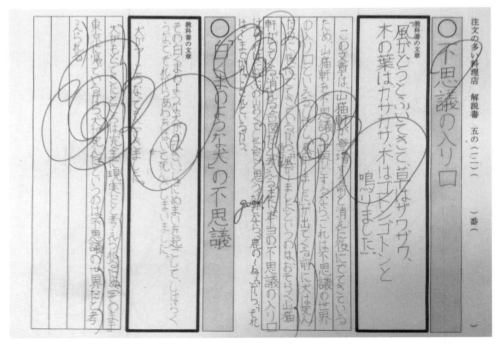

実際に子どもが書いた解説書

| 第4〜6時 | 扉の言葉や出来事，紳士の言動に着目し，紳士の人物像について考えたり，表現の工夫を見付けたりして，考えたことを「解説書」に書く。 |

①紳士の言動から，紳士の人物像について考える

　山猫亭に入るまでの紳士の言動に注目し，紳士の人物像を考えた。具体的には，紳士の様子や性格についてわかる叙述を見付け，見付けた叙述を基に紳士の人物像について話し合い，自分の考えたことを「解説書」にまとめた。多くの子どもが，紳士の他者（白くまのような犬や案内の鉄砲撃ち）に対する思いやりのなさについて書いていた。友達の考えを聞くことによって，紳士の人物像に迫る叙述に複数気付くことができ，より紳士の残酷さや狡賢さに迫ることができた。

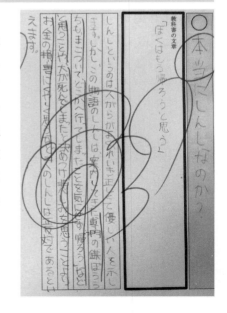

②扉の言葉に着目し，紳士の人物像や言葉の工夫について「解説書」に書く

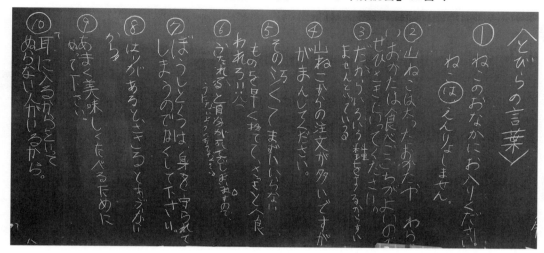

　山猫亭に入った後，戸に書かれた言葉に対する紳士の考えと，本当の意味を考え，共有した。このときの紳士の気持ちの変化について気付いたことを話し合い，「解説書」の紳士の人物像について書き加えたり，扉の言葉の工夫についておもしろさをまとめたりした。

| 第 7 時 | 物語の最後の一文を基に，宮沢賢治が伝えたかったことについて自分の考えを「解説書」に書く。 |

○宮沢賢治が伝えたかったことについて自分の考えをまとめる

　教科書巻末の「宮沢賢治」を読み，賢治が求めていたことは何か考える場を設けた。紳士の人物像を基にして「解説書」にまとめた子どももいた。以下に示す。

【宮沢賢治が伝えたかったこと】
「人間も動物も自然も一つになって，心を通い合わせることのできる『まことの幸せ』がどこかにありはしないかと，生涯をかけて探そうとした。」
　「まことの幸せ」を生涯かけて探そうとした賢治は，動物たちの命を何とも思わず，自分の飼い犬さえも物としか見ることのできない都会のしんしを，物語の中でこらしめようとしたのです。つまり賢治は，この卑劣なしんしを物語の中でこらしめることで，物語を通して『生き物を大切にしない都会人』の残酷さ，愚かさを僕たちに伝えたかったのだと思います。

　「情報」を関連させながら，物語のおもしろさを「解説書」にまとめ，友達の考えを楽しみながら交流することができた。

（見目　真理）

宇大附小 PR 会議を開こう！

小学校第1段階		小学校第2段階		小学校第3段階	
共通・相違	順序	比較・分類	選択	情報のつながりや関係	情報の組み込み方

1 本単元における「情報」の具体

本単元では，【話し合う議題に対して挙げられた複数の考え】を「情報」とした。

本校のオープンキャンパスを訪れる保護者（場合によってはお子さんも含む）に向けて，学校の魅力を伝えるために，「どのような内容」を「どのような方法」で発信すべきか，を議題とした話し合い（＝PR会議）の場を設定。子どもたちは，「学校行事を動画で紹介したい」「パンフレットの方が持ち帰りできて便利」といった，各々が生み出した複数の考え（＝情報）と向き合い，PR会議を通して整理・統合し，それらを一つにまとめていく。

2 対話的な学習活動と情報の扱い方

本単元における主な対話的な学習活動の場は，①会議の中の「タブレット端末を活用した考えを整理する場」と，②会議の途中で設けた「シェアタイム（全体共有）」の時間，の2点である。学習支援アプリ上の思考ツールシートを活用し，考えが書かれた付箋データ（＝情報）を話し合いグループで分類・整理したり（①），シートを全体で共有し，整理された情報同士について検討したり（②）する過程で，情報の扱い方(2)イ「情報の整理」である，情報同士の関係付けの仕方や図などを用いた関係の表し方を身につけていけるようにした。

3 単元の指導目標

(1) 考えをまとめるために，複数の考えを関連付けながら共通する要素を見いだしたり，互いの発言を基に気付いたことを付け足したりすることができる。　〔知識及び技能〕(2)イ

(2) オープンキャンパスに参加した保護者へ附属小の魅力を発信するために，立場を明確にしながら議題に対して計画的に話し合い，複数の考えを整理して，考えをまとめることができる。　〔思考力，判断力，表現力等〕A (1)オ

(3) 附属小の魅力の発信に向け，どのような発信の内容や方法にすればよいかについて進んで考えたり，複数の考えを友達と協力して整理したりしながら，考えをまとめようとする。

〔学びに向かう力，人間性等〕

4 / 単元の評価規準

知識・技能	思考・判断・表現	主体的に学習に取り組む態度
①考えをまとめるために，複数の考えを関連付けながら共通する要素を見いだしたり，互いの発言を基に気付いたことを付け足したりしている。 （(2)イ）	①「話すこと・聞くこと」において，オープンキャンパスに参加した保護者へ附属小の魅力を発信するために，立場を明確にしながら議題に対して計画的に話し合い，複数の考えを整理して，考えをまとめている。（A(1)オ）	①附属小の魅力の発信に向け，どのような発信の内容や方法にすればよいかについて進んで考えたり，複数の考えを友達と協力して整理したりしながら，考えをまとめようとしている。

5 / 単元の指導計画（全8時間）

次	時	主な学習活動
1	1	・様々な学校紹介の資料に触れたり，オープンキャンパスについて想起したりしながら学習課題を確かめ，単元の見通しを持つ。
2	2	・附属小の魅力を発信する内容や方法について，自分の立場を明らかにする。
	3 4	・教科書を参考に，話し合いの目的や流れを確かめたり，役割分担を行ったりして PR 会議の準備を行う。第1回に向けて，プレ会議を開く。
	5	・第1回 PR 会議を開き，発信内容や方法について話し合う。
	6	・前回の会議を振り返り，第2回に向けて準備を行う。
	7	・第2回 PR 会議を開き，具体的な内容について話し合う。
3	8	・グループや学級全体で会議を振り返る。決まったことや今後の活動予定について話し合い，発信に向けた見通しを持つ。

6 授業の実際と指導の工夫・成果

第 3 時 PR 会議に向けての準備を行う。（前半）

①本時のめあてを確かめる

　２時間に分けて，PR 会議本番に向けた準備を行っていった。前半である本時は，「会議の流れを知り，計画を立てよう」というめあてのもと，会議シナリオを読み合ったり，グループで計画を立てたりしていくことを共通理解した。

②会議の議題やゴール（目的）を確かめ，会議シナリオを音読したり，空欄に入る言葉を考えたりして，会議の流れを知る。

　教科書を基に会議のシナリオを作成し，役割読みをさせたり，セリフを空欄にし，どんな言葉が入るか予想させたりすることで，会議の流れを把握できるようにした。

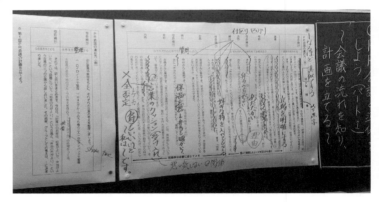

〈子どもが発言した話し合いのポイント例〉

・最初に立場を明確にしている。

・司会がきちんと話し合う内容を仕切っている。

・反対意見を全否定していない。

・言葉のクッションがある。（相手意見の受け入れ）→相手は悪い気はしない。いい関係で進められる。

③グループで計画を立てる

　本単元のねらいを鑑み，教科書の話し合いの進め方の例「①話題を確かめる→②考えを聞き合う→③質問し合う→④整理する→⑤まとめる」を基本として，各グループで時間配分の計画を立てたり，役割分担をしたりできるようにした。また，班編成については，発信内容または方法のうち，立場に共通点のある子ども同士でグループを編成することで，友達の考えに関心を持ち，自分の考えと比較しながら考えを整理しまとめることができるようにした。

第 4 時　PR会議に向けての準備を行う。（後半）

①教師が行った会議動画を視聴して，PR会議の流れを確かめる

シミュレーション動画を作成し，話し合いの例として提示することで，場の設定や進行上の動作，学習支援アプリ（ロイロノート）の活用の仕方，話し合いの雰囲気等，具体的にPR会議のプロセスをイメージしたり，会議

それぞれの整理シート（ロイロ）を見ながら聞き合う

への意欲を高めたりすることができるようにした。また，動画を一時停止して，もし自分が司会だったらここで何と言うか，発言者の代わりにどう返答したり質問したりするかなどと問うことで，会議シナリオで確かめた流れを振り返り，自己の意見を述べることができるようにした。

②①を基にプレ会議を行う

実際にプレ会議を行う場を設けることで，次の第1回会議に向けて時間配分や大まかな流れの見通しを持ったり，質問に対して相手を受け入れながら臨機応変に返答したりする練習ができるようにした。

③PR会議で使用する整理マップを見て，グループの互いの考えをどのように整理すればよいか話し合う

第1回の会議で使用する整理マップ（＝一人一人が考えをまとめたシートを四隅に，空欄のベン図を中央に配置したもの）のデータを提示し「グループの友達の考え（＝シート）をどのように整理すれば，考えが一つにまとまるか」問うことで，限られた時間の会議で，どのような手順で整理するかを共有し，見通しを持つことができるようにした。

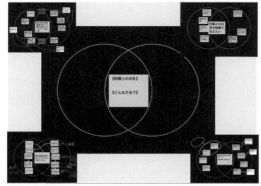

整理マップ

〈話し合いで決まった整理の仕方の流れ〉
①取り入れたい長所，解決できそうな短所を中央へ。
②仲間分け（○）・つなげる（→関係付け）

第 5 時　第1回PR会議を開き，発信内容や方法について話し合う。

①前時を振り返り，本時のめあてを確かめる

　本単元では，「オープンキャンパスに参加する保護者に向けて，附属小の魅力を発信するために，『宇大附小PR会議』を開く」という言語活動を単元に設定することで，どのような発信内容や方法にすべきか進んで話し合ったり，複数の考えを友達と協力して整理したりしながら，考えをまとめることができるようにした。

　本時のめあては，「第1回PR会議を開こう〜附属小の『何を』『どんな方法で』発信すべきか」である。前時までに，子どもたちは「運動会や林間学校の楽しさをパンフレットで発信したい。詳しい説明があった方が行事を理解してもらえるから」「附属小の行事はスライドでテレビに映した方がよいと思う。たくさんの写真で紹介した方がイメージが湧くから」といった考えを一人一人持っていた。しかし，導入で二人の子に自分の立場を発表してもらうと，どちらも発信方法が「動画かパンフレット」で迷っていた。実際，動画と紙媒体にはどちらも長所・短所がある。友達のシートを見たり，長所・短所を考えたりして生まれたよい迷いであり，まさに本時の会議で話し合う必然性につながるものであった。

②第1回PR会議を開き，よりよい発信内容や方法について話し合う

　PR会議の流れは，「(1)議題を確かめる→(2)それぞれの立場の考えを聞き合う→(3)それぞれの立場から質問し合う→(4)考えを整理する（シェアタイム）を含む→(5)会議をまとめる」である。本単元のねらいである考えを整理してまとめる力（A(1)オ）の育成の主な場面は，(4)考えを整理する場面である。実際の写真にある通り，ただ話し合う形式ではなく，4人グループ内で，2人で1台のタブレット端末の学習支援アプリを活用し，グループの考えを整理する形態にすることで，対面で効率よく共有，操作したり，修正を繰り返したりして，考えをまとめることができるようにした。また，他グループと画面を共有し合う「シェアタイム」を設け，一部のグループを全体で取り上げ複数の考えをどのように整理したのか，その意図を

問うことで，様々な情報同士の関係性を理解し（第3段階「情報同士のつながりや関係」），他グループの考えを参考に，考えの問題点（短所）への解決策等を提案できるようにした。

　以下は，シェアタイム前（左）と後（右）のマップである。

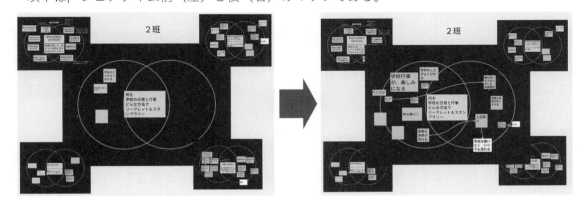

③第1回PR会議を基に，どのような内容と方法で発信すべきか，自分の考えをまとめる

　各グループの学習支援アプリの画面を各々のタブレット端末で共有し，自分の考えをまとめる場を設けることで，自分たちのグループの考えや整理の仕方と比較しながら，第2回のPR会議に向けて現段階での自分の考えを明確にしたり，話し合いの見通しを持ったりすることができるようにした。

　以上のように，子どもたちは「オープンキャンパスで自分たちの学校の魅力をPRするために話し合う」という目的に向かって，一人一人の考えた内容や発信方法について対話を通して吟味していった。その過程を経ていくなかで，情報同士のつながりを捉える力を少しずつ身につけていくことができた。

〈実際に子どもがまとめた文章〉

・最初は動画にしようと思っていた。けれど，ポスターなどで紹介するという〇〇さんの意見を聞き，ポスターもいいな，と思った。その後，みんなで整理し，メリットやデメリットを出していくうちに動画とポスターを合わせるとさらに良くなる！と気づき，自分の意見が変わった。

・動画だと，長くなりがちなのでかんけつにまとめることができるリーフレットを使いたいと思いました。意見を話していくと新しい方法もでてきて面白かったです。

（綱川　真人）

「いいね」投稿でつながろう，せかいと，みんなと

小学校第1段階		小学校第2段階		小学校第3段階	
共通・相違	順序	比較・分類	選択	情報のつながりや関係	情報の組み込み方

1 本単元における「情報」の具体

　本単元では，**【意見を支える理由や事例と，自分の投稿に生かせる他者の投稿】**を「情報」とした。また，世の中の出来事や学校生活の中で自分が興味・関心を抱くテーマについて，投稿という形で友達と意見交流する，という言語活動を設定した。友達と意見交流をすることに向かって，相手の納得や共感を得るために，どのような投稿の工夫が必要なのかを，教科書に示された複数の投稿を読み合う過程で学習していく。

2 対話的な学習活動と情報の扱い方

　本単元では，教材文や友達が書いた投稿に含まれる，様々な説得の工夫やそれらの是非について小グループや全体で話し合う活動を，対話的な学習活動の場として設定した。今回「情報」と定義した，それぞれの投稿に見られる理由や事例，表現の工夫に着目して繰り返し投稿を読み合い，話し合う過程で，情報の扱い方(2)ア「情報と情報との関係」（原因と結果の関係）を捉える力を身につけたり，更に高めたりすることができるようにした。

3 単元の指導目標

(1) 共感や納得を得るために，書き手がどのような理由や事例，自分の投稿に生かせる他者の投稿を挙げているのかを理解して投稿文を読むことができる。　　　〔知識及び技能〕(2)ア

(2) 掲示板に説得力のある意見を投稿するために，読み手が共感したり納得したりする理由や事例，自分の投稿に生かせる他者の投稿について，投稿文を読んで考えをまとめたり，自分の投稿に生かしたりすることができる。　　　〔思考力，判断力，表現力等〕C (1)ウ

(3) 掲示板で意見交流をすることに向けて，説得の工夫を見付けるために複数の投稿文を繰り返し読み比べたり，どのような工夫を使えば友達から共感や納得を得られるかを考えて投稿文を書いたりしようとする。　　　「学びに向かう力，人間性等」

4 単元の評価規準

知識・技能	思考・判断・表現	主体的に学習に取り組む態度
①共感や納得を得るために，書き手がどのような理由や事例，自分の投稿に生かせる他者の投稿を挙げているのかを理解して投稿文を読んでいる。 （(2)ア）	①「読むこと」において，掲示板に説得力のある意見を投稿するために，読み手が共感したり納得したりする理由や事例，自分の投稿に生かせる他者の投稿について，投稿文を読んで考えをまとめたり，自分の投稿に生かしたりしている。（C(1)ウ）	①掲示板で意見交流をすることに向けて，説得の工夫を見付けるために複数の投稿文を繰り返し読み比べたり，どのような工夫を使えば友達から共感や納得を得られるかを考えて投稿文を書いたりしようとしている。

5 単元の指導計画（全8時間）

次	時	主な学習活動
1	1	・世の中で話題になっている出来事について感想や意見を発表し合ったり，インターネット上の様々な投稿を読んだりして，学習の見通しを持つ。 ・「木村投手」のニュースへの投稿1と2（教科書教材）を読み，初投稿をする。
	2	・子ども新聞を読み，友達と意見交流したいテーマを選ぶ。
2	3	・初投稿した文章を読み比べ，説得力のある投稿とは何か話し合う。
	4	・投稿3～6を読み比べ，どの投稿に「いいね」を付けるか話し合う。
	5 6	・投稿7～11を読み比べ，どの投稿に「いいね」を付けるか話し合う。
3	7	・第2次の話し合いでまとめた「6-3『いいね』の工夫」を基に，グループでテーマを選び，意見を投稿し合う。
	8	・他グループの投稿文を読んで感想を伝え合う。学習を振り返る。

6 / 授業の実際と指導の工夫・成果

> 第 1 時　　世の中で話題になっている出来事について感想や意見を発表し合った
> り，インターネット上の様々な投稿を読んだりして，学習の見通しを
> 持つ。「木村投手」のニュースへの投稿1と2を読み，初投稿をする。

①世の中で話題になっている出来事について感想や意見を発表し合ったり，インターネット上
の様々な投稿を読んだりして，学習の見通しを持つ

　導入において，「最近，気になるニュースは何か」問い，発表し合ったり，友達と意見交流
をしたりした。子どもたちは，以下のような話題を取り上げた（※2021年11月時点）。

・衆議院選挙のゆくえ　　　　　・上野動物園のパンダ

・日本の裁判有罪率99%　　　　・アフガニスタンの紛争

・小室圭さんと眞子様について（当時）

　次に，教師が気になった「本屋大賞作品」のニュースを取り上げ，以下のようなやりとりを
行った。

　T：先生，この本に興味持ったんだけど，買うか買わないか迷いました。そこで，先生は次
　　　のようなものを参考にしたんだけど，みんなわかりますか？（大型テレビでネットショ
　　　ッピングサイトの商品の投稿を提示）
　C：ああ！　○○のサイトだ！（○○は会社名）
　T：使ったり，見たりしたことある？
　C：あります！
　T：画面に映っているようなものを何というか知っている人？
　C：「投稿」です。

　ここで，「投稿」の定義を説明し，私が実際に見た「作品に対する高評価の投稿」と「低評
価の投稿」を提示し，読み比べた。

　T：二つの投稿を読んで，どうでしたか？
　C：同じものに対してでも，意見が違う。
　C：二つ目（作品を批判している投稿）は，ただ単に自分の思いをありのままに言っていて
　　　ひどいと思う。

ここで，投稿した経験はあるか問うと，数名が挙手をし，複数のサイトを挙げた。「投稿」という行為自体についての印象や感想を問うと，「気軽に自分の意見を言えるのはいいと思う」「おもしろい。賛否両論あるから」「言っている中身の質が人による。（＝差がある）」「誰が見ているかわからないから怖い」など，様々であった。今回は，そんな身近な投稿について考え，表現し，自分の気になるニュースについて友達と交流しよう，という課題を投げかけた。

②「木村投手のニュース」について，試しに初投稿してみる

　教科書教材には，「高校球児の木村投手が延長13回，232球を投げぬき，チームをサヨナラ勝ちへと導いた」というネットニュース（タイトル『延長13回　232球投げぬいたエース』）が掲げられ，それに対する11の投稿が掲載されている。

　木村投手のニュースを紹介し，投稿1と2を拡大掲示とともに読み上げた。1は，延長まで投げぬいた事実について「勝つために限界をこえた無理な負担をかけてまでスポーツをすべきでない」と批判的な投稿。これに対し，2は，「スポーツは，勝利を求めてやるからこそよい」「ある程度体に負担をかけることも必要だ」と1に反論している。子どもたちの反応は様々で，1，2それぞれを支持している感想もあれば，「どっちも！」と両方の意見を支持する子もいた。「では，今抱いている思いや考えを『投稿3』という形で書いてみよう」と投げかけ，試しに初投稿をした。本単元では，ICT機器を使ってインターネット上に実際に投稿する，という形式はとらず，紙ベースでの投稿の形式をとった。これは，「読み手が共感したり納得したりする理由や事例，自分の投稿に生かせる他者の投稿について，投稿文を読んで考えをまとめたり，自己の投稿に生かしたりすることができる」というねらい達成のために，誰もが公平に，繰り返し効率よく読んだり書いたりできることが有効と考えたからだ。

第 3 時　初投稿した文章を読み比べ，説得力のある投稿とは何か話し合う。

①友達の初投稿を読む

　第1時に初投稿したものの中から，自分の意見を相手に伝えるために工夫をしている子の文章をいくつか提示。「友達の初投稿には，どんな工夫が見られるか」を，自分が実際に投稿する際に生かしたい点も含めて読んだり話し合ったりする1時間を設けた。課題は「友達の初投稿，『いいね』を付けるならどこ？」である。以下はその中の3名の子どもの初投稿である。

〈児童1の初投稿〉

　私はBさんの意見にさんせいです（笑）

　私も試合のけいけん者なので，Bさんの気持ちが分かります。自分が勝ちたいという気持ちが強すぎて試合中は体がいたくても気にしないと思います！

Aさんの気持ちも分かりますが，選手の気持ちもかんがえてみてください。

〈児童2の初投稿〉

　Bさんには反対です。たしかに，スポーツは勝利を求めてやるからこそいいのですが，そもそも無理はしないと思います。232球もなげられるほどきたえているならば，それは負担ではなく意欲だと思います。スポーツは楽しみながらやるものです，232球もなげたならば，本人はとてもたのしんでいたのではないでしょうか。…（以下省略）

〈児童3の初投稿〉

　私はBさん寄りの考えである。なぜなら，人は命をかけてでもやりたいことがある（人もいる）からだ。例えば，ドクターX（2012年）の鳥井教授だってそうだ。自分は肝門部胆管ガンで余命六カ月なのに，パリの学会のためにKRAS遺伝子の論文を英訳した。このように，これだけはなんとしてもやりとげたいというものが人にはあるからだ。また，やりとげたことから達成感を抱き，次に進むことができるようになるからだ。

②友達の初投稿の工夫点について話し合う

　以上に見られるように，教科書の複数の投稿に触れる以前に，子どもたちは，これまでの学習や生活経験から様々な「説得の工夫」を持っている。まずは，それらを引き出し，共有することで，育成したい資質能力をより確実に身につけることにつながるのではないかと考えた。

　子どもたちが気付いた（「いいね」を付けた箇所）工夫は，以下の通りである。

・初めに自分の立場を述べている。
・自分の経験を入れている。
・「たしかに〜」と反対意見を認めてから自分の意見を言っている。
・「〜ではないでしょうか」と投げかけている。
・ドラマの話など，具体的な例を挙げている。
・「なぜなら，〜からだ」と理由をはっきり述べている。

　子どもたちが気付いた友達の工夫は，模造紙に書き溜め視覚的にも共有し，今後も参考にできるようにした。

第 5 時　投稿７〜11を読み比べ，どの投稿に「いいね」を付けるか話し合う。

①投稿７〜11のうち，どれに「いいね」を付けるか，考えを分析シートにまとめる

　まず，教科書の投稿７〜11を順番に貼り付け，「いいね」が付く説得の工夫を分析シートに書き込む活動を設けた。切り分けられた７〜11の投稿の一部を順番にシートへ貼り付ける活動を設定することで，投稿同士の意見のつながりを理解し，反対意見を受け入れたり，他者の意見を取り上げて自己の意見を述べたりする説得の工夫に気付くことができるようにするためだ。

　次に，貼り付けたシートを基に複数の友達と話し合う場を設け，着目した説得力のある語句や文章を〇で囲んだり，つながりのある意見同士を線で結んだりするよう助言することで，投稿文に隠された説得の工夫について，視覚的に理解するとともに，友達と考えを共有しやすくすることができるようにした。

②活動２を基に全体で話し合う

　子どもたちは，前時までに，初投稿や教科書の投稿１〜６を基にした話し合いから「６－３『いいね』の集め方（工夫）」としてオリジナルの観点を作ってきた。当時の３組は，①相手を尊重する言葉②事例の工夫③取り入れて生かす④表現の工夫の四つの工夫が挙がった。さらに「いいね」の判断基準も「相手が納得，共感するような説得力ある工夫がなされている言葉」と共有することで，共通理解を図りながら，同じ土俵での話し合いに臨めるようにした。実際の全体の話し合いでは，以下のような意見が出た。

◎投稿７は実際の有名な選手の意見を事例に挙げることで，説得力を上げている。②の事例の工夫に当てはまる。

◎投稿10は，自分の意見に追加してアドバイスも述べている。

◎「けがを生むような練習…」とあるが，これは，前の投稿を受けて意見を述べている。

△投稿８に「一流のあかし」とあるが嫌味に聞こえるのではないか。

△投稿９の「わたしたち一般人」という言葉は，マイナスのイメージを与えるのではないか。相手を尊重していない。

　意見を支える理由・根拠として妥当かどうかを検討し合う中で，説得力を高め，自分の意見を受け入れてもらうための「情報の組み込み方」について考えを深めていくことができた。

（綱川　真人）

文学作品を読み，平和について論文を書こう

小学校第１段階		小学校第２段階		小学校第３段階	
共通・相違	順序	比較・分類	選択	情報のつながりや関係	情報の組み込み方

1／本単元における「情報」の具体

　本単元では，「戦争と平和に関する文学作品を読んで考えたことを基に，自分の考える平和について論文に書く」という言語活動を設定し，**【戦争と平和に関する文学作品の叙述】**を本単元の「情報」とした。

　実際の戦争の経験はない子どもたちが戦争と平和について考えられるよう，戦争と平和に関する文学作品を読み考えたことを基に，戦争と平和に関する文学作品の叙述や内容を必要に応じて組み込みながら，自分の考える平和について論文として表現できるようにした。

2／対話的な学習活動と情報の扱い方

　抽象的な概念である平和について，文学作品の内容を引用したり要約して示したりすることで，拠り所を明らかにしながら自分の考えを表現できるようにした。自分の考えを文章で伝えるには，文学作品をどう組み込めばよいのか友達と話し合うことで，効果的な文学作品の組み込み方について気付き，自分の論文構成に生かしていくことができるようにした。

3／単元の指導目標

(1) 平和に対する自分の考えが論文で伝わるよう，本から適切な内容を見付け引用したり，要約して示したりすることができる。　　　　　　　　　　〔知識及び技能〕(2)ア

(2) 戦争と平和に関する文学作品から想像したり理解したりしたことを，平和に対する自分の考えが伝わるよう論文に組み入れることができる。　　〔思考力，判断力，表現力等〕B(1)イ

(3) 戦争と平和に関する文学作品を複数読み，想像したり理解したりしたことを基に，平和に対する自分の考えを論文に書くことができる。　　　〔思考力，判断力，表現力等〕C(1)オ

(4) 平和に対する自分の考えを明確にするために，戦争と平和に関する文学作品を何度も読み，ワークシートに自分の考えを累積したり，平和に対する自分の考えが伝わるよう，論文の構成を検討したりしようとする。　　　　　　　　　　　　　　　「学びに向かう力，人間性等」

4 単元の評価規準

知識・技能	思考・判断・表現	主体的に学習に取り組む態度
①平和に対する自分の考えが論文で伝わるよう，本から適切な内容を見付け引用したり，要約して示したりしている。（(2)ア）	①「書くこと」において，戦争と平和に関する文学作品から想像したり理解したりしたことを，平和に対する自分の考えが伝わるよう論文に組み入れている。（B(1)イ） ②「読むこと」において，戦争と平和に関する文学作品を複数読み，想像したり理解したりしたことを基に，平和に対する自分の考えを論文に書いている。（C(1)オ）	①平和に対する自分の考えを明確にするために，戦争と平和に関する文学作品を何度も読み，ワークシートに自分の考えを累積したり，平和に対する自分の考えが伝わるよう，論文の構成を検討したりしようとしている。

5 単元の指導計画（全10時間）

次	時	主な学習活動
1	1	・平和とはどのようなものか話し合い，「自分の考える平和について論文に書き，クラス内学会発表を行う」という学習課題を持つ。 ・戦争と平和に関する文学作品の紹介を聞き，並行読書を始める。 
	2	・教科書教材「ヒロシマのうた」を読む。３つの場面に分ける。
2	3 4 5	・「ヒロシマのうた」の３場面それぞれから，平和に対する自分の考えの基になる叙述を見付け，ワークシートに累積する。並行読書の本から平和に対する自分の考えの基になる叙述を見付け，ワークシートに累積する。
	6	・「ヒロシマのうた」から見付けた叙述を基に友達と話し合い，平和に対する自分の考えを明確にする。
	7 8 9	・論文の構成を考え，論文の原稿を書く。
3	10	・学会発表で，論文を友達と読み合い，感想を交流する。

6 授業の実際と指導の工夫・成果

> **第 1 時** 平和とはどのようなものか話し合い、「自分の考える平和について論文に書き、クラス内学会発表を行う」という学習課題を持つ。戦争と平和に関する文学作品の紹介を聞き、並行読書を始める。

○戦争と平和に関する文学作品を複数読む

本単元では、「戦争と平和のものがたり」シリーズ（ポプラ社）からいくつかの文学作品を簡単に紹介した。題名だけを紹介すると、読み慣れていない子どもは本を手に取らないことが多いため、本の内容や筆者について簡単な紹介を行った。

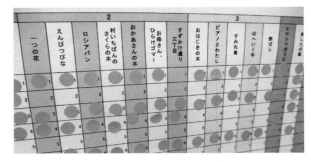

読むことが苦手な子どもも自力で読み進められるよう、4年生の教科書で読んだ「一つの花」を並行読書に含めた。読むことが苦手な子どもも思い出しながら読み、論文に使うことができるのではという想定をしたためである。

戦争という言葉は知っていても、想像できないでいる子どもが多く、戦争と平和に関する文学作品を読むことで少しずつ理解している様子であった。各々が読んだ文学作品がわかるよう一覧にシールを貼るようにした。一覧を見て、同じ文学作品を読んだ友達と考えたことを伝え合ったり、自分の読んでいない文学作品について友達から簡単に概要を聞いてから読み進めたりする姿が見られた。

単元を通じて、様々な登場人物が戦争に翻弄されていく姿から、どうしてこうなってしまったのか疑問を持ったり、登場人物の心情を考えたり、現実の世界での課題と結び付けたりすることで、自分が思う平和とはどのようなものか時間をかけて考えていくことができた。

第 7 時 論文の構成を考える。

①論文例を基に、平和に対する自分の考えが伝わる組み入れ方について話し合う

自分で論文を書く際に、主張が適切な「引用」「要約」によって支えられていることについて気付くことができるとよいと考えた。そこで、二つの論文例を作成した。この論文例を基に、「平和に対する自分の

考えが論文で伝わるよう、本から適切な内容を見付け引用したり、要約して示したり」することができるよう、文学作品の組み入れ方について話し合う活動を設けた。

論文例から「引用」「要約」を様々な段落から見付けたり、「なぜこのような表現なのか」「この表現だと、どんなところがよいか」など、友達と考えを話し合ったりした。また、話し合う過程で気付いたことを全体で共有していった。このことで、自分の伝えたいことに応じて文学作品の引用や文学作品の要約を組み入れる効果に気付いたり、その方法について理解したりすることができるようにした。

平和論文例① 六年（　）

私が考える平和とは「争いがないこと」だと思いました。

私は「ヒロシマのうた」を読んで、争いがあることの残酷さをとても理解しました。一の場面では、「軍医がごろごろ転がっている人々の目を、一人一人、まるで魚を寄り分けるように調べていきます。」と言う一文があります。この文を読んで私は、戦争の酷さを感じました。何も悪いことをしていない人々の命が一瞬で失われたことそれだけでもひどいのに、死んだ後も人間らしく扱われることがないのです。

そして、「ちいちゃんのかげおくり」においても、同じように戦争の残酷さを感じました。小さい子どもであるちいちゃんは、たった一人になってしまった後も、家族と再会したいと焼け落ちた自分の家に帰ります。しかし家族に会うことは叶いませんでした。家族に会いたかったちいちゃんの気持ちが痛々しく、とても心に残っています。

最後の場面、お空の上でちいちゃんは家族と再会します。ちいちゃんがうれしそうにきらきら笑って家族のもとに行くところを読み、やはり大切な家族の側にいられないつらさと、側にいられる幸せを感じました。

この二つのお話から私は、平和とは「争いのないこと」だと思いました。争いの中で人間が人間らしく生きられないと言うのは平和とは対極にあります。現代でも、争いがなくなる事はまだありません。争いをなくすために努力することこそが、平和への一歩だと思っています。

引用

要約＋自分の考え

み入れる効果に気付いたり、その方法について理解したりすることができるようにした。

②平和に対する自分の考えが伝わるよう、論文の構成を考え、論文を書く

文学作品の組み入れ方について学んだことを基に、自分の論文の構成について考えた。上段に論文例とその構成が示されているワークシートを使って、簡単に箇条書きをするようにし、文学作品の組み入れ方について視覚的に捉えることができるように工夫した。

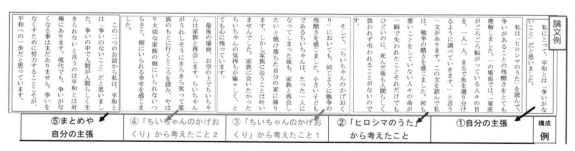

論文例	構成例
私にとって、平和とは「争いがないこと」だと思いました。…	①自分の主張
…私は「ヒロシマのうた」を読んで…	②「ヒロシマのうた」から考えたこと
…そして、「ちいちゃんのかげおくり」において…	③「ちいちゃんのかげおくり」から考えたこと1
…最後の場面、お空の上でちいちゃん…	④「ちいちゃんのかげおくり」から考えたこと2
…この二つのお話から私は、平和とは…	⑤まとめや自分の主張

第 10 時　学会発表で，論文を友達と読み合い，感想を交流する。

①論文を読み合う

　自分の考える平和について論文としてまとめたものを，友達同士で読み合った。熱心に読んでいる様子が見られ，関心の高さがうかがえた。以下に子どもの作品を2例示す。

　私が考える平和とは「争いが無く，誰の心や体が傷付くことなく，人が人らしく豊かな生活を送れること」だと思いました。なぜなら，私はたくさんの文学作品を読んで，戦争はたくさんの死者を出したことと，その人たちは人間という扱いを受けていなかったということを知ったからです。

　私は「ヒロシマのうた」を読んで，原爆（戦争）がどれだけ理不尽で残酷なものか理解することができました。「行ってみると，お母さんは死んでいました」という一文があります。この文を読んで，私は，戦争で多くの人が失ったのは愛する家族だということがわかりました。自分がもしその立場にいたら，たえられなくなって一生立ち直るということはできなかったなと思います。何も悪いことをしていない罪の無い人たちが，一瞬で死んでしまう戦争を，誰が喜ぶのか疑問に思います。

　そして「いわたくんちのおばあちゃん」でも，同じように，戦争の残酷さが伝わってきました。それが伝わってきたのは「だれなのか分からないくらいひどいやけどをした人。爆風でふき飛ばされたり，ガラスが全身につきささったりして大けがをした人。たいへんなすがたのたくさんの人たち」というところです。私は6年生の時に新聞で被爆者たちの思いという記事を読みました。そこに写っていた1人のおじいさんは「本当は果し合いをするつもりだった」とインタビューに答えていました。それを読んで，私は絶対に戦争はしてはいけない，短期間で犠牲者を減らすためだけに原爆を落とすという考えはあってはならないなと思いました。そしてもう一つ「ヒロシマのうた」と関連していたところは「8月6日，ちづこさんは独りぼっちになりました」と言う部分です。ここから愛する家族を失った悲しみが伝わってきました。

　この2つの話から，平和とは「争いが無く，誰の心や体が傷付くことなく，人が人らしく豊かな生活を送れること」だと思いました。そして「いわたくんちのおばあちゃん」にも書いてあったのですが，自分の家族や友達が死んでしまうのはみんな嫌なはずなのに，なぜ戦争が続いてしまったのだろうと思いました。だから，相手の気持ちを考えることが必要だと考えました。現在でも世界のどこかで戦争が起きています。一人ひとりの考え方を変えることが，平和への第一歩だと感じました。

- -

　私にとって，平和とは「戦争がなく，世界中の人が笑顔で幸せに暮らせること」だと思います。

　私は「えんぴつびな」を読んで，戦争は，今，目の前にある日常を一瞬に消してしまうこの世で1番恐ろしいものだと思いました。作中で「明日，三人官女も作ってきてやるよ」と言っていたシ

ンペイちゃん。けれど，シンペイちゃんに「明日」は来ませんでした。空しゅうにより，その命は一瞬で消えたのです。私は，どうしてこんなに優しい心を持った男の子が死ななくてはならないのかと思うと同時に，この尊い命を奪った戦争が憎くて怒りがこみ上げてきました。

そして「一つの花」からも同じように戦争の恐ろしさを感じました。家族と別れ，戦場へ向かうお父さんは，幼い由美子にコスモスの花を1つ手渡します。1つの花＝由美子のひとつの命というつもりで渡したお父さんの気持ちを思うと，胸が張り裂けそうになります。戦争は何の罪のない家族の幸せ，笑顔までも奪ってしまうのです。

十年の年月が過ぎ，由美子は平和な世の中でたくさんのコスモスに囲まれ生活しています。でもそこにお父さんはいません。大切な人を失った悲しみは計り知れません。しかし，当時の由美子は幼く，自分に父がいたことさえ覚えているかも分かりません。とても切なく悲しみでいっぱいになります。

この2つの話から，私は平和とは「戦争がなく，世界中の人が笑顔で幸せに暮らせること」だと思いました。大切な人がそばにいると言うことは，当たり前では無いのです。世界中の人が争いをしないと心に決めて，手を取り合い，平和について考えていくことが笑顔で暮らせることにつながると思っています。

②単元を振り返る

平和論文を書くことを経て，多くの子どもは，平和について改めて自分なりの考えを持つことができた。文学作品を基にすることで，より戦争や平和について具体的に考えている様子が見られ，友達と真剣に話し合ったり，論文として表出したりしている姿が見られた。中には，文学作品の中で戦争に巻き込まれる子どもたちに心を痛め，「将来国際的な機関で働きたい」との思いを新たに持つ子どももいた。

書くことに抵抗感を持つ子どもも，繰り返し文学作品を読み，その引用や要約を基にしながら自分の考えを文章で表現することができた。平和論文を自分の考えの基となる文学作品の引用や要約を組み込むように設定したことが効果的であったと考える。平和論文を書く過程で，引用や要約を引き合いにすると自分の考えが伝わりやすくなることや，どの部分を引用するかを繰り返し検討する中で，自分の考える平和がより明確になることに気付いた子どもも見られた。

(見目　真理)

・あまんきみこ（2015）「ちいちゃんのかげおくり」『戦争と平和のものがたり1』ポプラ社
・今西祐行（2015）「一つの花」『戦争と平和のものがたり2』ポプラ社
・長崎源之助（2015）「えんぴつびな」『戦争と平和のものがたり2』ポプラ社
・天野夏美「いわたくんちのおばあちゃん」『新しい国語 六』東京書籍，令和2年度版

3 章

中学校
「情報の扱い方」の
全学年授業モデル

編集長を説得しよう　〜根拠を明確にして書こう〜

中学校第1段階		中学校第2段階		中学校第3段階	
意見と根拠の区別	比較・分類	情報と情報との様々な関係	情報の吟味と効果的な表現	情報の信頼性	自分の考えを論理的に展開する

1／本単元における「情報」の具体

　本単元は中学校第1学年「書くこと」の根拠を明確にして意見文を書く単元である。その**【意見文の中で扱う意見と根拠】**が，本単元における「情報」にあたる。自分の考えを他者に理解してもらうには，根拠を明確にする必要がある。さらに他者を納得させるためには，そこに説得力を持たせることが重要である。意見と根拠の関係について理解を深めることが，より説得力のある根拠を「参照」することにつながると考える。

2／対話的な学習活動と情報の扱い方

　新聞記者として，新聞記事にふさわしい写真を1枚，編集長に提案するために，三角ロジックを活用して，意見・根拠・理由づけや，その関係についてグループで吟味する。また，他グループとの交流を踏まえて，必要な修正を行う。それらの活動を通して意見と根拠の関係について理解を深める。

3／単元の指導目標

（1）原因と結果，意見と根拠など情報と情報との関係について理解することができる。

〔**知識及び技能**〕**(2) ア**

（2）比較や分類，関係付けなどの情報の整理の仕方，引用の仕方や出典の示し方について理解を深め，それらを使うことができる。　　〔**知識及び技能**〕**(2) イ**

（3）根拠を明確にしながら，自分の考えが伝わる文章になるように工夫することができる。

〔**思考力，判断力，表現力等**〕**B (1) ウ**

（4）根拠の明確さなどについて，読み手からの助言などを踏まえ，自分の文章のよい点や改善点を見いだすことができる。　　〔**思考力，判断力，表現力等**〕**B (1) オ**

（5）言葉がもつ価値に気付くとともに，進んで読書をし，我が国の言語文化を大切にして，思いや考えを伝え合おうとする。　　「**学びに向かう力，人間性等**」

4 単元の評価規準

知識・技能	思考・判断・表現	主体的に学習に取り組む態度
①意見と根拠との関係について理解している。((2)ア) ②比較や分類，関係付けなどの情報の整理の仕方について理解を深め，それらを使っている。((2)イ)	①「書くこと」において，根拠を明確にしながら，自分の考えが伝わる文章になるように工夫している。(B(l)ウ) ②「書くこと」において，根拠の明確さなどについて，読み手からの助言などを踏まえ，自分の文章のよい点や改善点を見いだしている。(B(l)オ)	①粘り強く工夫しながら，既存の学習を生かし，根拠を明確にした意見文を書こうとしている。

5 単元の指導計画（全5時間）

次	時	主な学習活動
1	1	・「意見に説得力をもたせるポイント」について考える。
2	2	・課題について確認する。 ・新聞記事における，写真の役割について考える。 ・候補写真について分析する。
	3	・意見に合った根拠・理由づけをグループごとに考える。 ・各グループで考えた根拠・理由づけについて意見交換する。
	4	・意見文を書く。
	5	・作成した意見文について意見交換する。 ・振り返りを行う。

6 授業の実際と指導の工夫・成果

第 1 時 「意見に説得力をもたせるポイント」について考える。

○三角ロジックを活用し，情報と情報との関係について吟味する

　第1時では，教師が示した例文の意見と根拠について生徒が吟味する学習活動を行った。その際に，三角ロジックを生徒に活用させ，理由づけにも着目させた。理由づけとは，意見と根拠を結び付け，関係づけるものである。意見と根拠だけでなく理由づけも含めて吟味させることで，意見と根拠がどのように結び付いているか考え，意見と根拠の関係について理解を深める生徒の姿が見られた。

　また第1時では，生徒が例文の意見と根拠の吟味を通して見いだしたポイントを「意見に説得力をもたせるポイント」と称して全体で共有し，このポイントを意識させ，「教師の家族が秋休みに県内旅行に行くならどこに行くべきか」という課題に取り組ませた。その際に，生徒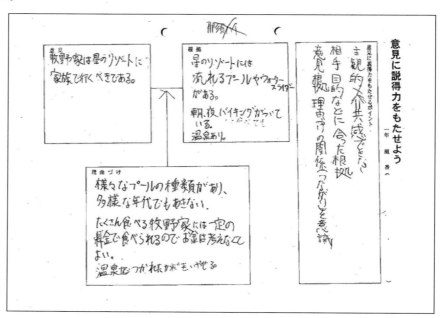には右の図のワークシートのように三角ロジックを活用させることで，意見・根拠・理由づけの関係（つながり）を意識させた。

第 2 時 候補写真について分析する。

①「意見に説得力をもたせるポイント」を活用する必要のある課題に取り組む

　第2時以降は，第1時に見いだしたポイントを活用する必要のあるパフォーマンス課題を設定し，課題解決に取り組ませた。そうすることで，身につけさせたい言語技能を生徒が「知っている」だけでなく「使える」ようになると考え，本単元では次ページに示す課題を設定した。

> **編集長を説得しよう**
>
> 　あなたは「FUZOKU TIMES」の新聞記者である。ある新聞記事に写真を一つ入れることになった。候補写真のうち，どれを採用すればよいだろうか。あなたの意見を編集長に伝え，編集長から「よし，採用‼」の言葉をもらおう。

　課題について全体で確認した後，生徒に「新聞記事において，写真は何のためにあるのか」「新聞の読者は記事と写真をどんな風に読むのか」を考えさせた。この問いによって，今回の課題に対する生徒の目的意識や相手意識の高まりが見られた。

　課題解決に取り組ませる中で段階的に言語技能を高めさせることをねらい，生徒には第2・3時に教科書p.108の「シャンシャン」の新聞記事と写真A・Bを用いて，グループで課題解決に取り組ませた。その上で，第4時からは教科書p.111の「いちご容器」の新聞記事と写真A・Bを用いて，個人で課題解決に取り組ませた。それぞれの意見を文章で表現する際には，それまでの学びを生かしながら活動に取り組む生徒の姿が見られた。

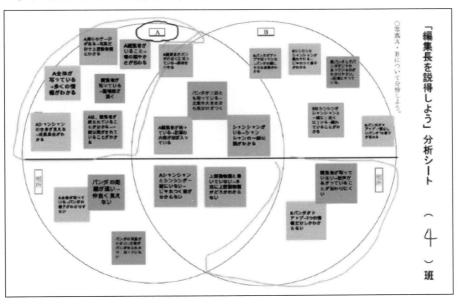

②候補写真の長所や短所について分析する

　第2時ではGoogle Jamboardを活用し，グループごとに上の図のような共有シートを作成した。生徒はそれぞれのタブレット端末を使い，二つの写真（A・B）の特徴をそれぞれ長所と短所に整理させた。この際に生徒に対して，「どうしてその特徴が新聞記事に採用する上で長所（短所）と言えるのだろうか」と問いかけ，その理由（理由づけ）を特徴のあとに矢印を書かせて記入させた。

その後，二つの写真のうち，どちらを採用すべきかグループごとに意見交換させた。各グループともに，「新聞を発行する目的」や「新聞記事における写真の役割」，「新聞読者が求める情報」などの，目的意識や相手意識に関わる観点に重きを置いて議論及び決定をする様子が見られた。

第 3 時　意見に合った根拠・理由づけをグループごとに考える。

○各グループで考えた根拠・理由づけについて意見交換させる

第3時でははじめに，前時（第2時）に分析したことを基に，意見（どちらの写真を採用した方がよいか）を編集長に対して述べる際に用いる根拠について考えさせた。その際には，第1時で見いだした「意見に説得力をもたせるポイント」を全体で再確認し，根拠や理由づけを吟味する際の観点となるよう生徒に意

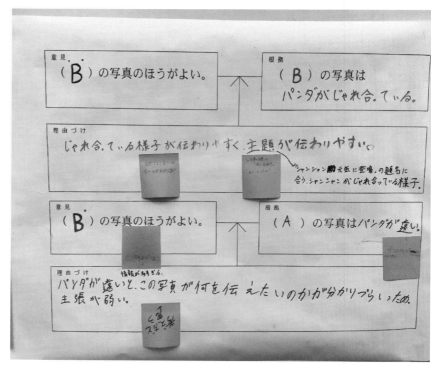

識させた。二つの写真のうち新聞記事の内容にふさわしい方を選び編集長に提案する，という目的のためには，なぜその写真でなければならないのかについて説得的に述べられなければならないからである。

また，第3時に用いたワークシートは，三角ロジックを活用し，意見・根拠・理由づけの関係について可視化できるものとなっている。中学校1年生の生徒の多くは意見と根拠が必要であることは理解できているが，それらをつなぐ理由づけが適切でないと論理的・説得的な表現にはならないということを十分に理解するのは難しいのではないかと考えたため，このワークシートによって視覚的に意見・根拠・理由づけのつながりを捉え，その関係性についてよりよく吟味・意見交換できるよう工夫した。

図のグループでは当初，理由づけを「パンダの親子の仲が良い様子が伝わる」としていたが，

他のグループから「なぜ仲が良い様子が伝わるとよいのか」という指摘を受け，「（新聞記事の）主題が伝わりやすい」ことを付け足した。さらに，「この新聞記事の主題とは何か（この新聞記事は何を伝えたいのか）」という指摘を受け，発信者の意図について考えをめぐらせる姿が見られた。このように，意見・根拠・理由づけの関係が視覚化されることで，説得的であることを構成する要素や関係を理解するだけでなく，他グループとの交流という対話的な学習においても，理由づけについての吟味が行われることとなった。これらの学習活動の設定により，本実践のねらいとして掲げた，生徒の「意見と根拠の関係についての理解」を深めさせることができたと考える。

第 4 時　意見文を書く。

○これまでの学びを踏まえ，「意見に説得力をもたせるポイント」を意識して意見文を書く

私は、Aの写真の方がいいと思う。この記事のテーマは容器についてである。Aは背景が黒で容器が大きく写っている。本文に書いてある容器の様子が、わかりやすい。また、BよりもAの容器が目に入るため、読者の興味も惹き、新聞を手に取ってもらえると考える。

Bの写真は店で売られている様子である。容器が開発されたことを知らせるという記事のテーマと合わない。以上のことから、Aがふさわしいと考える。

私は、Bの写真がいいと思う。Bの写真は一つ入りのものに加えて四つ入りなども箱に詰められた様子が写っている。本文に「贈り物に適した」と書かれている。多くの人は一つ入りを贈り物にしないだろう。本文には箱入りのものがあるとは書かれていない為、Bの写真を使うことで、箱入りもあるということを補足できる。一方、Aの写真は背景が黒で容器が大きく写っている。その為、容器と大粒な苺だという情報しかない。だから私はBの写真を選ぶ。

第4時では前述の通り，教科書p.111の「いちご容器」の新聞記事と写真A・Bを用いて，生徒それぞれが採用すべきだと考える写真を選択し，意見文を書いた。

上に示した意見文は，実際に生徒が第4時に書いたものであり，左はAの写真を，右はBの写真を選択している。どちらの意見文も，意見・根拠・理由づけを丁寧に述べており，その関係（つながり）を意識していることがわかる。また，どちらも主観的な意見文にならないように気を付けている様子が見受けられる。さらに「発信者（新聞社）のねらいや目的」や「受信者（読者）にとって必要な情報」，そして「新聞記事における写真の役割」といった目的や相手を意識して書かれている。これらは第1時に見いだした「意見に説得力をもたせるポイント」である。

このように，生徒の意見文からは，これまでの学びを生かし，身につけた言語技能を「使う」生徒の姿を見取ることができた。

（牧野　高明）

「読み手をひきつける文章」とは？
～新聞コラムから考える～

中学校第1段階		中学校第2段階		中学校第3段階	
意見と根拠の区別	比較・分類	情報と情報との様々な関係	情報の吟味と効果的な表現	情報の信頼性	自分の考えを論理的に展開する

1 本単元における「情報」の具体

　本単元では，新聞1面にある「コラム」（以下，新聞コラム）を取り上げる。新聞コラムには，大きく【コラムのテーマ（となる事件や出来事など）】や【筆者の主張】が必ず含まれる。「テーマ」は「筆者の主張」と関わりがある。さらにコラムという性質上，「書き出し（テーマとなる事件や出来事につながる別の事件や出来事）」や，「書き出しとテーマをつなぐ説明」，「まとめ（落語のサゲやオチと言われる内容）」のような情報が含まれていると言える。

2 対話的な学習活動と情報の扱い方

　本単元ではグループ内で，新聞コラムのよさを見付けて発表し合うとともに，その内容を踏まえ，「読み手をひきつける文章」とはどのような文章かを話し合う学習活動を行う。生徒自身と級友が考えることを比較しながらまとめていく活動となる。

　文章中に含まれる情報は，筆者の読み手に対するどのような情報なのかを考えて「テーマ」，「筆者の主張」，「書き出し」，「書き出しとテーマをつなぐ説明」，「まとめ」などのラベリングを行う。なお，ラベリングの言葉は，冒頭では与えなかった。

3 単元の指導目標

(1) 原因と結果，意見と根拠など情報と情報との関係について理解することができる。

〔知識及び技能〕(2)ア

(2) 文章の中心的な部分と付加的な部分，事実と意見との関係などについて叙述を基に捉え，要旨を把握することができる。　　　〔思考力，判断力，表現力等〕C (1)ア

(3) 文章の構成や展開，表現の効果について，根拠を明確にして考えることができる。

〔思考力，判断力，表現力等〕C (1)エ

(4) 言葉がもつ価値に気付くとともに，進んで読書をし，我が国の言語文化を大切にして，思いや考えを伝え合おうとする。　　　「学びに向かう力，人間性等」

4 単元の評価規準

知識・技能	思考・判断・表現	主体的に学習に取り組む態度
①原因と結果，意見と根拠など情報と情報との関係について理解している。((2)ア)	①「読むこと」において，文章の中心的な部分と付加的な部分，事実と意見との関係などについて叙述を基に捉え，要旨を把握している。(C(1)ア) ②「読むこと」において，文章の構成や展開，表現の効果について，根拠を明確にして考えている。(C(1)エ)	①新聞コラムの分析をとおして，「読み手をひきつける文章」のポイントを，級友との話し合いを踏まえて進んで見いだそうとしている。

5 単元の指導計画（全4時間）

次	時	主な学習活動
1	1	・新聞コラムを読み，目的や特徴を捉える。
	2	・新聞コラムを分析する。
2	3	・分析した内容を発表し合う。 ・グループ内で優れたコラムを一つ選ぶ。
	4	・前時で選んだ理由を発表する。 ・分析した新聞コラムの共通点をまとめる。 ・「読み手をひきつける文章」について考える。

6 授業の実際と指導の工夫・成果

第 1 時　新聞コラムを読み，目的や特徴を捉える。

①新聞記事（報道記事）と新聞コラムを比較して読む

　生徒は小学校で新聞記事を読んだり，投書を書いたりする学習を行っていたが，新聞コラムの認知はそれほど高くはなかった。新聞コラムを毎日読んでいるという生徒もいれば，新聞コラムがどこに書かれているか知らない生徒もいた。

　そこで，まず新聞記事（社会面に書かれた「報道」の記事）を読み，その後，その記事で報道された出来事がテーマとなった新聞コラムを読ませ，報道記事との違いについて考えさせた。生徒からは「報道記事にはいわゆる5WIH（いつ，どこで，だれが，何を，なぜ，どのよう

に）が掲載されているが，新聞コラムにはそこまで詳細な記述はない」，「報道記事には写真や図が掲載されているが，新聞コラムには掲載されていない」などの考えが挙がった。なお，「新聞コラムには筆者の考えが掲載されているが，報道記事には筆者の考えは書かれていない」という考えも挙がったが，「報道記事にも『〜と思われる』『〜した模様』などの文末があり，必ずしも筆者の考えが書かれていないわけではない」と話す生徒もいた。では，この点で新聞コラムと報道記事は同じであると言ってよいか生徒に尋ねると，「報道記事と新聞コラムの考えは同じではない。報道記事にはその事件や出来事に対する推論としての考えが述べられており，新聞コラムは取り上げた事件や出来事を踏まえて筆者が考えたこと」と説明する生徒がいた。さらに，「筆者の意見の述べ方について，新聞コラムは取り上げる事件や出来事（事実）を，別の内容を絡ませながら自分の考えを述べている」と話す生徒がいた。

②新聞コラムの目的や特徴を捉える

　①の時点でも新聞コラムの特徴となる内容を捉えている生徒はいたが，その特徴を捉え，本時以降で，新聞コラムを生徒自身が分析できるよう，叙述の内容や構成について捉える活動を行った。

　①で読んだ新聞コラムについて，どのような内容が書かれているか，ということを確認させると，「取り上げたい事件や出来事」「事件や出来事につながりのあること」「筆者の考え」という声が上がった。構成については「はじめ（書き出し）」「なか」「おわり（まとめ）」という構成であるという考えでまとまった。しかし，内容と構成を対応させていくと，生徒から「つなぐ役割をする内容がある」と発言があり，具体的な段落を指摘する生徒も見られた。

　では，なぜ報道記事と新聞コラムでは書き方が違うのかを尋ねると，「新聞コラムは記事と比べると字数が少ない」「新聞コラムは毎日ほぼ同じ面積（字数・紙幅）しか与えられない」「１面の記事は記事の詳細が書いてあるわけではなく，新聞社が目立たせようとする記事が掲載されているので，字数は制限されている」という考えが出た。字数が制限されるにもかかわらず，なぜ別の事件や出来事を掲載する必要があるのかを尋ねると，「新聞の１面はだれもがざっと目を通すところであるから，じっくり読まなくても概要がつかめればよい」という考えが出たが，なぜ１面にコラムを掲載するのかということについては，はっきりとした考えはまとまらず，授業が終わった。

第 2 時　新聞コラムを分析する。

①新聞コラムを配布し，自分が好きな新聞コラムを選ぶ

　本時以降の活動は同じ３人グループで活動を行った。グループにはＡ，Ｂ，Ｃの３種類の新聞コラムを配布した。これらの新聞コラムはテーマとなる事件や出来事は全て異なり，発行し

ている新聞社も全て違うものとした。

　新聞コラムは各新聞社により字数の差がある。今回取り上げた3社の新聞のうち，一番字数の少ないもので480字程度，一番多いもので680字程度である。これらは新聞社によって決められたものであり，日々多少の字数の差はあっても行数が変わるということはほとんどない。テーマについては，大きな事件事故から，日々の季節の移ろいなど，性質の違うものが掲載される。構成についても，テーマや筆者の考えにより，毎日同じ構成というわけではない。新聞社によっては毎日ほぼ同じ構成で記述されることもある。また，筆者もほぼ毎日同じ担当者が書くこともあれば，日によって担当者が変わるという新聞社もある。

　今回取り上げた新聞コラムは，生徒が集めた新聞コラムの中から，教師が意図的に選んだものである。様々な違いはあるものの，構成に特徴がある記事，特に「テーマ」と

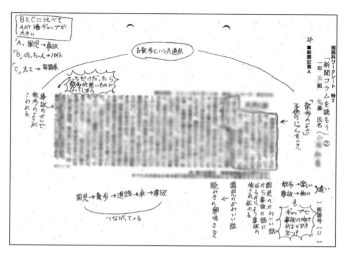

コラムA

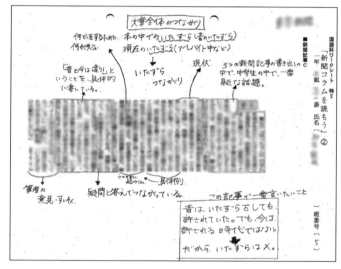

コラムC

「書き出し」だけをそれぞれを取り上げると一見つながりのなさそうな記事を選んだ。

　その上で生徒は自分が好きな新聞コラムを選び，その分析を行った（グループに与えられた三つの新聞コラムを分析しなければならないことから，必ずしも本意ではない場合もあった）。

②選んだ新聞コラムのよさをワークシートにメモする

　生徒には，自分が選んだ新聞コラムに，内容や構成の特徴を書き込ませた。あわせて，次時に書き込んだ内容（メモ）を使って，自分が選んだ新聞コラムの優れた点を同じグループの生徒に説明するということを伝えた。皆が一度読んでいる新聞コラムであるため整えて書く必要はなく，同じグループの生徒が説明を聞いてわかればよいということを話した。

　本時の「よさ」を指摘する学習活動では，〔思考力，判断力，表現力等〕で扱う二つの指導

事項のうち，「文章の中心的な部分と付加的な部分，事実と意見との関係などについて叙述を基に捉え，要旨を把握すること」を中心に行った。生徒が選んだ新聞コラムについて，筆者が一番言いたいことは何かを捉えられるようにするとともに，事実（特にここでは事件や出来事など）と筆者の言いたいことがどのように述べられているのかがわかるようにメモさせた。生徒からは，「同じ新聞コラムを選んだ生徒のメモも参考にしたい」という声があったことから，作業する時間を一定の時間とった後，同じ新聞コラムを選んだ生徒同士で意見交流できる時間を設けた。

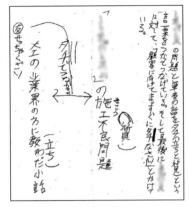

コラムCのメモ

　教師からは特に話はしなかったものの，前時で扱った指導事項〔知識及び技能〕(2)ア「原因と結果，意見と根拠など情報と情報との関係について理解することができる。」を踏まえ，「取り上げたい事件や出来事」と「事件や出来事につながりのあること」とが，一つの文章でどのように結び付いているのかを整理してメモを取っている生徒が多かった。右上はコラムCに関するメモの一部であるが，段落ごとの内容（情報）が，どうつながっているのかを整理して説明しており，そのつなげ方を「よさ」として説明している。

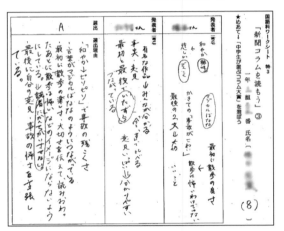

聞き取りメモ

生徒たちは新聞コラムの「よさ」の中には，段落ごとの内容（情報）が巧みにつながっていることを理解しつつあり，そのつながりの持たせ方には様々な方法があることを捉えつつあると言える。

第 3 時　新聞コラムを分析した内容を発表し合い，優れたものを１つ選ぶ。

①新聞コラムを分析した内容を発表し合う。

　右上にあるワークシートを用意し，同じグループの生徒の発表をメモさせた。発表した生徒がどこに「よさ」を感じているのかをメモするよう指示するとともに，「なぜ」そう考えるのかを大切にし，必要に応じて質問をするよう話した。

②最も優れている新聞コラムを選ぶ

　今回の学習課題として「中学生が選ぶコラム大賞」の選考委員になったつもりで，できるだ

け客観的な判断の下に選考したことがわかるよう，根拠を持って説明してほしいことを話した。前頁のワークシートでは，ほとんどが言葉を使って説明しているが，叙述の仕方や構成について気付いた点を記入している生徒が多かった。なお，教師は選んでほしいコラムを想定しているわけではなく，それぞれのコラムを選ぶとどのような点を「よさ」と感じるかという想定のみを行った。

第 4 時　新聞コラムを通して，「読み手をひきつける文章」について考える。

①選んだコラムのよさについて発表する

生徒はメモに基づいて，自分のグループが選んだコラムのよさについて発表し合った。

②「新聞コラム」の共通点を考える

①の内容を踏まえ，新聞コラムにはどのような共通点があるのかを全体で考えた。生徒から出た主な意見は，「字数が限られている」「接続詞が使われていない」「身近な話題や親しみやすい話題からの書き出しが多い」「段落ごとの内容がつかみやすい」などがあった。それらは，新聞を短時間で読めるよう，読み手に配慮した結果ではないかという考えが出た。

また，「『取り上げたい事件や出来事』と『事件や出来事につながりのあること』とは関係性がないように思える内容で書かれている」という意見も出て，ある生徒はこの内容を「ストーリーがつながっている」と表現した。この生徒は帰国子女で国語を得意とはしていなかった。しかし，学級の生徒から納得の声が上がり，教師がよりわかりやすい説明を求めると，別の生徒から「コラムの内容が何らかの共通の内容でつながっており，それがわかるような叙述や構成の工夫があるということだ」という説明もあった。

③「読み手をひきつける文章」についてまとめる

最後に「読み手をひきつける文章」について，生徒の考えを書かせた。この課題は，第1時に学習した新聞コラムという特性を踏まえ，このような発問とした。

生徒は本時の②の内容を踏まえ，叙述の仕方や構成の工夫に着目して考えを書いていた。それらの工夫の上で「書き出しの工夫」や「内容が首尾一貫していること」，「わかりやすさ」，「ユニークさ」ということに触れてまとめている生徒が多かった。本時の振り返りでは，「新聞コラムとしては，敢えて筆者の明確な意見や考えを述べず，敢えてもやもやとさせるような意識もあるのではないか」という考えもあったが，多くの生徒は「『ストーリー』として，情報と情報が一つの考えのもと，つながっているということが新聞コラムには感じられた」という記述が多く見られた。意見と根拠に注意しながら，情報のつながりを意識して読む力は，その後の生徒の学びに大きく寄与したと考えている。

（高橋　功昌）

目的や相手に応じて情報を選択しよう
～「餃子の街宇都宮」のよさを伝えるリーフレット～

中学校第１段階		中学校第２段階		中学校第３段階	
意見と根拠の区別	比較・分類	情報と情報との様々な関係	情報の吟味と効果的な表現	情報の信頼性	自分の考えを論理的に展開する

1／本単元における「情報」の具体

　自分の伝えたいことをよりよく相手に伝えるためには，「目的や相手を踏まえ，必要な情報を取捨選択したり活用したりすること」が重要である。その言語技能の重要性に生徒が気付き，言語生活の中で活用できるようにすることを目的とし，本単元では宇都宮市を PR するリーフレットを作成する授業を構想した。その【リーフレットの中で用いる話題や内容】が，本単元における「情報」にあたる。

2／対話的な学習活動と情報の扱い方

　情報が氾濫する現代においては，情報の内容をよく吟味し，目的や相手に応じて必要な情報を取り出したり，わかりやすく整理したりする力が非常に重要だと考える。第１時に身につけさせたい言語技能に着目する段階を設け，その言語技能を生徒が扱いながら習得できるようにするために「宇都宮市の PR をするために，『餃子』というキーワードや対象者，構成を限定した上で，必要に応じて情報を取捨選択しながらリーフレットを作成する」という学習課題を設定した。

　また他者との交流や作品との対話を通して，発信者の意図などを感じたり考えたりすることが，生徒の考えの広がりや深まりにつながると想定して，対話的な学習活動を設定した。

3／単元の指導目標

(1) 比較や分類，関係付けなどの情報の整理の仕方，引用の仕方や出典の示し方について理解を深め，それらを使うことができる。　　　　　　　　　　　　〔知識及び技能〕(2) イ

(2) 文章の構成や展開，表現の効果について，根拠を明確にして考えることができる。

〔思考力，判断力，表現力等〕C (1) エ

(3) 言葉がもつ価値に気付くとともに，進んで読書をし，我が国の言語文化を大切にして，思いや考えを伝え合おうとする。　　　　　　　　　　　　「学びに向かう力，人間性等」

4／単元の評価規準

知識・技能	思考・判断・表現	主体的に学習に取り組む態度
①比較や分類，関係付けなどの情報の整理の仕方，引用の仕方や出典の示し方について理解を深め，それらを使っている。((2)イ)	①「読むこと」において，文章の構成や展開，表現の効果について，根拠を明確にして考えている。(C(1)エ)	①粘り強く工夫しながら，それまでの学びを生かしてリーフレットを作成しようとしている。

5／単元の指導計画（全4時間）

次	時	主な学習活動
1	1	・リーフレットの特徴について分析する。 ・教師が提示した2つのリーフレットを比較する。 ・本単元の課題を確認する。 ・「リーフレット作成のポイント」を整理する。 ・ターゲットを決定する。 ・リーフレットを作成する際に必要な情報について考える。
2	2	・必要な情報を集める方法について考える。 ・目的や相手に応じて必要な情報を収集する。
	3	・リーフレットを作成する。
	4	・作成したリーフレットをグループや全体で読み合い，意見を交流する。 ・これまでの学習を振り返る。

6 授業の実際と指導の工夫・成果

第 1 時　リーフレットを分析し，「リーフレット作成のポイント」を整理する。

①リーフレットの特徴について分析し，二つのリーフレットを比較する

　第1時では，まず市で発行しているリーフレットを生徒に読ませ，リーフレットの特徴について分析させ，気がついたことを全体で共有した。見出し，本文，写真や図表などから構成されていることなど，リーフレットの構造について全体で共有した。

　その後，使われている情報や，写真，見出しなどの違いから，リーフレットの目的や，ターゲットの違いに気付かせるために，教師が意図的に作成したターゲットの違うリーフレットを比較・分析する活動を行わせた。

　どちらもカメラのリーフレットだが，選択された情報や，見出し・本文の表現の仕方，使用されている写真など，リーフレットの特徴に生徒は着目し，その違いを分析することで，リーフレットは目的に合わせて作成されていること，ターゲットに合わせて扱う情報や表現の仕方を工夫していることなどに気付くことができた。

思いがけず見つけたカフェで一息。

ふらりと入ったカフェで、色鮮やかなスムージーに目が釘付け。フォトジェニックなものを探して、私の目が敏感になってきた。

○写真や動画をいつでもシェア。
　電車で移動する時も、カフェにいる時も、カメラをバッグに入れたままSNSにアップ！
　・スマートフォンと常時接続。スマートフォンで画像を確認・保存。

自分らしい写真だって思い通りに。

○自分撮りをきれいに。――自分撮りモード
　写真も動画も上手に自分撮りするのには、どう演出するかがポイント。FUZOKUカメラなら、モニターで自分の姿を確認しながら、背景をぼかしたり、美肌効果の調整がかんたんに行えます。

○より良い肌の質感を。――美肌モード
　美肌調整をより手軽に。肌の質感を調整できるのが美肌モードです。撮影時に効果の強弱をお好みで設定するだけ。自分の思い通りの仕上がりを実現します。

3Color×9Jacket

○3色の小型・軽量ボディーと9種類のフェイスジャケットで、あなたの個性を。
　鞄に入れてもかさばらない小型・軽量ボディーを実現。さらに、モダンな造形の中にカメラらしい佇まいを取り入れた、デザインの上質さにもこだわりました。カラーは、カジュアルなWhite、本格感のあるBlack、スタイリッシュなGrayの3色をご用意。選べる9種類のフェイスジャケットと組み合わせれば、あなたのスタイルにぴったりな一台になり、持ち歩きがより一層楽しくなります。

動きのあるシーンも、なんなくベストショットに。

○走っていてもしっかりフォーカス。
　39個のフォーカスポイントで動きの速い被写体もピントぴったりに捕捉。走っている子どもの一瞬の表情まで逃さずキャッチします。

○連続撮影からベストショットが選べる。
　高速連続撮影で動きの速い被写体も決定的瞬間を逃さず撮影。連続で撮影した写真の中からベストショットをチョイス、思い出に残る一枚がきっと見つかります。

子供と同じ目線の写真が楽しめます。

○自由な視点で手軽に撮影。
　自由に角度を変えられるバリアングル液晶モニターを搭載。これにより、ファインダー撮影では難しい自由な視点での撮影が楽しめます。低い位置からのローアングル撮影も、目の前に人混みがあるような状況でのハイアングル撮影も楽に行えます。

○タッチするだけでシャッターが切れる。
　画面を見ながらのライブビュー撮影では、撮りたい瞬間に画面をタッチするだけでピントが合い、そのままシャッターが切れます。

気軽に外へ持ち出せる、サイズと軽さ。

○小型・軽量ボディー。
　小型・軽量ボディーでもカメラらしい一眼レフカメラ、FUZOKUカメラ。大きい・重いという印象のある一眼レフカメラの中でも、重さ453グラムで「軽量級撮影」を達成しました。このカメラなら突然のお出かけのシーンでも気軽にお使いいただけます。さらに握りやすいグリップを採用するなど、使いやすさにも考慮しました。

②課題を確認し，「リーフレット作成のポイント」を整理する

　二つのリーフレットを比較・分析する活動を通して着目した言語技能を，生徒が扱いながら習得できるようにするために右図の学習課題を設定した。生徒は観光案内所の職員という立場から，発信者の目的を意識してリーフレットを作成することになる。また，リーフレットの枠を指定することによって，生徒が操作的な見方・考え方を働かせ，情報の取捨選択を行う必要のある課題となるよう工夫した。

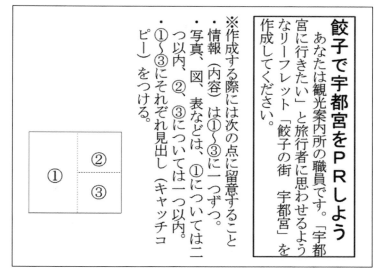

　課題を全体で共有した後，リーフレットを作成する際に意識すべきこととして，「リーフレット作成のポイント」を生徒に考えさせ，全体で整理した。生徒たちは二つのリーフレットの比較・分析をする活動から見いだしたことを基に，下記のように「リーフレット作成のポイント」を整理した。

リーフレット作成のポイント

・目的や相手を意識して必要な情報（話題や内容）を選択する。

・目的や相手，情報に合った写真，図，表を使用する。

・目的や相手を意識した魅力的な見出し（キャッチコピー）をつける。

・目的や相手を意識した用語や表現を用いる。

---

③ターゲットを決定し，リーフレットを作成する際に必要な情報について考える

ターゲット一覧

・F２層（35〜49歳女性）　　・F３，M３層（50歳〜）

・T層（13歳〜19歳）　　　　・M１層（20〜34歳男性）

　課題と「リーフレット作成のポイント」を全体で確認した後，「ターゲット一覧」の中からターゲットを選択させた。ターゲットに関しては，広告業界やマーケティング業界などで設定

されるターゲットの中から，情報や表現の違いが生まれやすそうな四つを設定した。また，本単元では第4時にそれぞれが作成したリーフレットを読み合い，意見を交流する授業を設定しているが，その際に扱われている情報や表現の仕方の違いが浮き彫りとなるよう，ターゲットについては4人グループの中でそれぞれ分担させた。

　ターゲットを決定した後，同じターゲットを設定した級友と，リーフレットを作成する際に必要な情報について考えを交流する時間を設けた。生徒はこの活動を通してどのような情報が効果的なのか想起することができた。

第 2 時　目的や相手に応じて必要な情報を収集する。

○必要な情報を集める方法を意識しながら，目的や相手に応じて必要な情報を収集する

> **情報収集のポイント**
> ○必要な情報を効率的に収集するために
> ・本…タイトルや目次，索引から判断。
> ・インターネット…検索ワードを複数入れたり，具体的にしたりする。

　第2時では，はじめに必要な情報を集める方法について全体で共有した。情報が氾濫する現代においては，多様な情報の中から必要な情報を効率よく収集する方法，情報元を吟味すること，引用した情報の扱い方などのスキルも重要である。

　本単元では本校の図書室を活用するとともに，市の図書館の協力を仰ぎ，宇都宮餃子に関する本や雑誌を50冊借用した。さらに1人1台端末を活用させ，インターネットも利用して情報を収集させた。

　情報元について生徒に考えさせると「個人ブログなどよりも，今回なら宇都宮市のホームページや宇都宮餃子会の公式ホームページなどの方が信頼性が高く，説得力があるのではないか」といった意見が出た。さらに引用の方法についても，技術・家庭科や総合的な学習の時間での著作権についての学びを踏まえて全体で確認することができた。

第 3 時　リーフレットを作成する。

○「リーフレット作成のポイント」を意識してリーフレットを作成する

　生徒は「リーフレット作成のポイント」を踏まえ，目的意識や相手意識をもとに，必要な情報を選択したり，見出しや写真，文章中で用いる用語や表現などを工夫したりしながらリーフレットを作成した。

右のリーフレットのターゲットは「Ｆ２層」であるが，生徒は「Ｆ２層」は子育て期にいる女性が多いと想定し，子連れでも行きやすい店舗の情報や，家で食べることを見据えて持ち帰り餃子についての話題を選択している。また内容については，幼い子どもをもつ女性が気になるだろうと

考え，コストについての情報や提供までの時間についての情報を選んでいる。さらに女性の多くが知りたいだろうと想定して，量やニンニクの扱いについても記載している。表現に関しても，見出しに「子供」「ママ友とランチ」といった言葉を用いるなどターゲットを意識して工夫していることがわかる。

　このように本単元のねらいとして掲げた「目的や相手を踏まえ，必要な情報を取捨選択したり活用したりすることの重要性に生徒が気付き，言語生活の中で活用できるようにする」姿を見取ることができた。

第 4 時　対話的活動を通して，学びを再整理する。

○作成したリーフレットをグループや全体で読み合い，意見を交流する

第４時は，作成者の考えに共感することや疑問を持つこと，批判することなどを通して，新たなものの見方や考え方の発見につなげるためにリーフレットを読み合う活動を設定した。観点を定めて級友の作品と自分の作品を比較させたり，級友からの意見を参考にさせたりすることで，生徒が自己の学びを再整理し，自覚できるよう工夫した。

リーフレット品評会

①鑑賞タイム（三分×三人）
・リーフレット作成のポイントに注目して作品を読み合おう。
・工夫されていると感じる点や疑問点などをワークシートにメモしよう。

②交流タイム（三分×四人）
・作成者は自分のリーフレットについて説明しよう。
・聞き手は作成者の説明をワークシートにメモしよう。
・聞き手は作成者に対して質問したり意見を述べたりしよう。
・聞き手は「良い点」、「改善したほうがよい点」を付箋紙に一枚ずつ記入し、作成者に渡そう。（付箋紙は事前に記入しておくこと。）

（牧野　高明）

市町長になって観光客を呼び込もう

中学校第1段階		中学校第2段階		中学校第3段階	
意見と根拠の区別	比較・分類	情報と情報との様々な関係	情報の吟味と効果的な表現	情報の信頼性	自分の考えを論理的に展開する

1／本単元における「情報」の具体

　本単元では，栃木県内の市長（町長）になって自分の市町に観光客を呼び込むためのプレゼンテーションを行うという学習活動を設定した。自分の市町の魅力は何なのか，そして観光客にどの魅力をアピールするのかは，学習者によって様々であろう。よって，本単元における「情報」の具体は，**【プレゼンテーションに盛り込むべき自分の市町の魅力】**である。

2／対話的な学習活動と情報の扱い方

　自分が担当する市町の情報（魅力）を収集・選別するにあたり，グループ活動（4人）を取り入れた。4人の中でプレゼンする対象（カップル・子どもがいる家族・老夫婦・大学生の団体など）を決め，それぞれが対象に合わせて情報を集める。それらの情報を持ち寄り，各自の対象に応じて取捨選択する。これらの過程でグループの仲間との対話が必然的に生まれるようにした。

3／単元の指導目標

(1) 意見と根拠，具体と抽象など情報と情報との関係について理解することができる。

〔知識及び技能〕(2) ア

(2) 情報と情報との関係の様々な表し方を理解し使うことができる。　　〔知識及び技能〕(2) イ

(3) 自分の立場や考えが明確になるように，根拠の適切さや論理の展開などに注意して，話の構成を工夫することができる。　　〔思考力，判断力，表現力等〕A (1) イ

(4) 資料や機器を用いるなどして，自分の考えが分かりやすく伝わるように表現を工夫することができる。　　〔思考力，判断力，表現力等〕A (1) ウ

(5) 言葉がもつ価値を認識するとともに，読書を生活に役立て，我が国の言語文化を大切にして，思いや考えを伝え合おうとする。　　「学びに向かう力，人間性等」

4／単元の評価規準

知識・技能	思考・判断・表現	主体的に学習に取り組む態度
①意見と根拠，具体と抽象など情報と情報との関係について理解している。（(2)ア） ②情報と情報との関係の様々な表し方を理解し使っている。（(2)イ）	①「話すこと・聞くこと」において，自分の立場や考えが明確になるように，根拠の適切さや論理の展開などに注意して，話の構成を工夫している。（A(1)イ） ②「話すこと・聞くこと」において，資料や機器を用いるなどして，自分の考えが分かりやすく伝わるように表現を工夫している。（A(1)ウ）	①積極的に話の構成や展開について理解を深めたり工夫したりしながら，学習の見通しをもってよりよいプレゼンを行おうとしている。

5／単元の指導計画（全7時間）

次	時	主な学習活動
1	1	・単元の学習の見通しを立てる。 ・二つのプレゼンテーションを比べ，それぞれの話の構成と扱われている情報を分析・整理する。
1	2	・グループ（4人）ごとに担当する市町を決める。 ・各自でプレゼンの対象を決め，対象に合わせて情報収集する。
1	3	・各自が収集した情報を持ち寄り，対象に応じて取捨選択する。 ・選択した情報が対象に適しているか検討する。
2	4 5	・樹形図（ロジックツリー）と付箋紙を使ってプレゼンの構成を考える。 ・樹形図に示した構成案を基にプレゼン資料（パワーポイントもしくは画用紙を使用）や発表原稿を作成する。
3	6	・プレゼンの練習をしながら資料や発表原稿を推敲する。
3	7	・グループ（4人）で発表を行い，相互評価する。

6 授業の実際と指導の工夫・成果

| 第 1 時 | 二つのプレゼンテーションを比べ，それぞれの話の構成と扱われている情報を分析・整理する。 |

①二つのプレゼンテーションを比べ，どちらがどのような点で優れているかを分析する

　同じテーマ（私がお薦めするラーメン店）で授業者が行う二つのプレゼンテーションを視聴させ，どちらがどのような点において優れているかを分析させた。片方は以下の「気付かせたい主なポイント」を盛り込んだものとし，もう一方はコンセプトがない上にスライド上の文字情報が多すぎるものとした。

【気付かせたい主なポイント】

・プレゼンの「コンセプト」が明確である

・コンセプトに基づいて情報を選んでいる

・スライド 1 枚に用いる情報を精選している（スライドが見やすい）

・スライドに入れられなかった情報を口頭で説明している

・構成を工夫している

　二つの比較を通して，多くの生徒が上記の「気付かせたい主なポイント」を見いだせていた。

②樹形図（ロジックツリー）の用途を知り，プレゼン内の情報を樹形図に整理する

　教科書 p.300 を参照させ，樹形図による情報の整理の仕方を理解させた。樹形図が，「上から下に行くに従ってより具体を示すツールである」ことを押さえ，その上で，先ほどの教師のプレゼンに用いられた情報を整理させた。「コンセプト」を最上位に置き，下位項目ほど具体的な情報になるよう配置させる。その際に，スライドに示された情報だけでなく，口頭で語った情報も入れさせる。これらを通して，情報の具体度・抽象度を意識して考え，それを可視化することができると考えた。

| 第2・3時 | プレゼンする対象（相手）を決め，情報収集し，対象に適した情報を選択する。 |

①プレゼンする対象（相手）を明確にする

　まず，4 人グループを組ませ，グループごとに県内のどの市町の長になるかを決めさせた。次に，ターゲットとする観光客層をいくつも挙げさせ，グループ内の 4 人各々にそれぞれター

ゲットとする対象を選ばせた。よって，グループの中は，「全員が同じ市町の長であるが対象は一人一人異なる」状態になっている。対象として多かったものは，「中高生」「若いカップル」「子どもがいる家族」「夫婦」などであるが，「女子旅」「一人旅」「男子学生」「自然好き」など限定的な対象を選ぶ生徒もいた。

②対象を意識して情報収集し，グループ内で共有する

　各自が集めた情報を付箋紙に書き出させる。それをグループ内で持ち寄り，それぞれの対象に適した情報を提供し合う。これにより，自分では集められなかった情報を得る，対象が異なっても同じ情報が使える，自分では使えそうだと思った情報が実はあまり適していないことを知る，などの気付きを得た生徒が多かった。

　図は，「子どもがいる家族」を対象に集めた情報を樹形図で整理した生徒の例である。この生徒は，初めは「真岡鐵道のSL」や「木綿会館」を魅力の軸にしようと考えていたが，グループの仲間から「いちごの栽培が盛んである」ことを紹介された。自分の対象が「子ども（幼児）がいる家族」であることから，「いちご狩り」や「いちごを使った食べ物」の方が対象（特に幼児）により適した魅力であると判断したようである。また，この活動中に「対象を変えたい」と申し出る生徒が出てきた。集まった情報に応じて判断したのだろう。同じグループ内で同じ対象にならなければ変更を認めた。

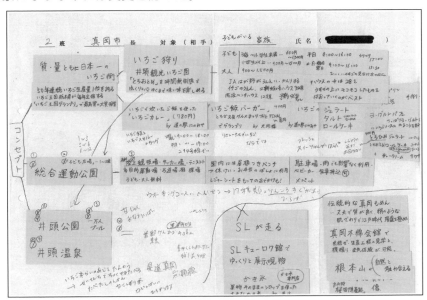

| 第4・5時 | 樹形図を用いてプレゼンの構成を考え，それに基づいてプレゼン資料（スライド）や発表原稿を作成する。 |

第１時に示した教師のプレゼン例にあったコンセプトを参考に，各自のコンセプトを考えさせる。そのコンセプトを樹形図の最上位に置かせ，その下に情報を配置していくことで構成を考えさせた。

前ページの図には「コンセプト」としか書いていないが，実際のコンセプトは「家族で行きたい活動型スポット特集」である。この生徒は「いちご狩り・運動公園の子ども広場・井頭公園一万人プール」で活動した後に，「井頭温泉」に入浴するプランを提案した。他にも，「夫婦」を対象としたコンセプトとして「夫婦で楽しむ旅行！ in真岡市」などがあがっていた。

○樹形図に基づいてプレゼン資料（スライド）や発表原稿を作る

プレゼンに使用する資料について，以下のような条件をつけた。

・資料はパワーポイントか画用紙のいずれかを用いて作る

・資料として使える枚数は４枚まで

・パワーポイントを使用する場合，アニメーションは極力シンプルなものにする

・発表原稿は作っても作らなくてもよい

・第１時に示した教師のプレゼン例のスライドを見てもよい

生徒の中には，樹形図による構成を疎かにしたまま（コンセプトが曖昧など）スライド作りに没頭してしまう者が一定数いた。一方で，スライドを作りながら樹形図の構成を変えたり用いる情報を入れ替えたりするなど，樹形図をしっかりと作ることができた者は実際のプレゼンも優れていた。

第 6 時 プレゼンの練習をする。

○練習しながら，プレゼン資料（スライド）や発表原稿を推敲する

練習をするにあたり以下の点についてもう一度確認するよう促した。

・プレゼンは３分以内　　　　　　・使えるスライドは４枚まで

・スライドに示した情報量　　　　・コンセプトを踏まえた話の構成

・発表原稿を使ってよいが，「読む」のではなく「話す」

練習をしてみて初めて自分のプレゼンや資料（スライド）の情報量が多すぎることに気付き，情報を省く生徒の姿が目立った。一方で，話す速度を速めることで時間内に収めようとする生徒や，話す内容のほとんどをスライド上に示してそれを読んでいるだけの生徒も散見されたた

め，「情報量を考え直すこと」，「スライドはあくまで発表の補助資料であること」を強調し，修正を図らせた。

前出の図の樹形図を作成した生徒はスライドの1枚目で始めに「真岡市ってどんなところ？」と問いかけ，「子供がいる家族でも十分満喫できる魅力的なところ!!」と提示し，その後画面右下にコンセプトを示すという工夫をしていた。

第 7 時　プレゼンを視聴し，評価する。

○互いのプレゼンを視聴し，観点に沿って評価する

4人グループを組ませ，評価用紙の観点に沿って相互評価させた。観点は以下のとおり。なお，4人グループは市町・対象ともに異なる者で組ませた。

> ・情報が対象に合っている
> ・情報の抽象度，具体度が適切だ
> ・スライドが見やすく，効果的な補助資料になっている
> ・コンセプトが明確で，構成に工夫がある

上記の4つの観点について4件法で評価させ，その後に「よかった点やアドバイス」を記述させた。評価の観点がそれまでの授業時間の中で繰り返し触れてきたことだったため，生徒たちは戸惑うことなく評価していた。前述のとおり，樹形図上に適切に情報を配置し，それを基に話の構成を考えることができていた生徒は，高評価を得ていた。

以上を踏まえて，この単元の成果と課題を以下に記す。

【成果】
・対象（相手）を明確にして意識することで，用いる情報を取捨選択する力を高めた。
・「下に行くほどより具体的になる」という樹形図の性質を理解して使うことで，情報の「具体と抽象」を認識したり，情報を整理したりする力を高めた。
・対象に合致する適切なコンセプトを設定できた生徒は，情報の取捨選択や配列をよどみなく行えた。それにより，コンセプトを設定する有用性に気付けた（抽象→具体）。その一方で，集めた情報の共通点を基に構成を考え，最後にコンセプトを設定した生徒もいた（具体→抽象）。情報の整理や配列の仕方が一つではないことに気付けた。

【課題】
・樹形図による情報の整理（コンセプトを含む）があやふやなままスライド作りに取りかかってしまった生徒がどのクラスにも一定数いた。
・プレゼンで話した情報とコンセプトとの関連が薄い生徒が散見された。　　　　　（芳田　潤）

2年 　話すこと・聞くこと｜**書くこと**｜読むこと

学校紹介文を作成しよう
〜ホームページに掲載する学校紹介文を考える〜

中学校第1段階		中学校第2段階		中学校第3段階	
意見と根拠の区別	比較・分類	**情報と情報との様々な関係**	情報の吟味と効果的な表現	情報の信頼性	自分の考えを論理的に展開する

1 本単元における「情報」の具体

　本単元は中学校第2学年「書くこと」の紹介文を書く単元である。その**【紹介文の中で扱う用語や内容】**が，本単元における「情報」にあたる。自分の伝えたいことをよりよく相手に伝えるためには，目的や相手に合った「情報」の抽象度を見極め，表現することが重要である。そのスキルを言語生活の中で活用できるようにすることを目的とし，本題材では，目的や読み手に合った情報の抽象度を意識してホームページに掲載する学校紹介文を作成する授業を行った。

2 対話的な学習活動と情報の扱い方

　自分の考えや伝えたいことをよりよく読み手に伝えるためには，目的や相手に合った情報の抽象度を見極め，効果的に表現する必要がある。本単元では，第1時に教師が提示したホームページに掲載する学校紹介文を修正する活動を設け，グループでどのような抽象度がふさわしいのかを対話的に考えさせたり，扱う情報が自分の表現で読み手にどう伝わるのかを吟味させたりすることで，身につけさせたい言語技能の習得につなげようと考えた。

3 単元の指導目標

(1) 意見と根拠，具体と抽象など情報と情報との関係について理解することができる。

〔知識及び技能〕(2)ア

(2) 目的や意図に応じて，社会生活の中から題材を決め，多様な方法で集めた材料を整理し，伝えたいことを明確にすることができる。　〔思考力，判断力，表現力等〕B (1)ア

(3) 根拠の適切さを考えて説明や具体例を加えるなど，自分の考えが伝わる文章になるように工夫することができる。　〔思考力，判断力，表現力等〕B (1)ウ

(4) 言葉がもつ価値を認識するとともに，読書を生活に役立て，我が国の言語文化を大切にして，思いや考えを伝え合おうとする。　「学びに向かう力，人間性等」

4 / 単元の評価規準

知識・技能	思考・判断・表現	主体的に学習に取り組む態度
①具体と抽象など情報と情報との関係について理解している。 （(2)ア）	①「書くこと」において，目的や意図に応じて，社会生活の中から題材を決め，多様な方法で集めた材料を整理し，伝えたいことを明確にしている。 （B(1)ア） ②「書くこと」において，根拠の適切さを考えて説明や具体例を加えるなど，自分の考えが伝わる文章になるように工夫している。（B(1)ウ）	①粘り強く工夫しながら，「よりよく伝えるポイント」を意識してホームページに掲載する学校紹介文を作成しようとしている。

5 / 単元の指導計画（全4時間）

次	時	主な学習活動
1	1	・課題を確認し，学校紹介文を作成する目的を考える。 ・教師が提示した学校ホームページにおける学校紹介文の修正箇所を考え，修正する。 ・「よりよく伝えるポイント」について考える。
2	2	・学校紹介文を作成するための材料を収集する。 ・目的や相手に応じて必要な情報を選択する。
	3	・学校紹介文を作成する。
	4	・作成した学校紹介文をグループや全体で読み合い，意見を交流する。 ・学校紹介文を修正する。 ・これまでの学習を振り返る。

6 授業の実際と指導の工夫・成果

| 第 1 時 | 目的や相手に合った情報の具体と抽象のバランスについて理解する。 |

①課題を確認し，学校紹介文を作成する目的を考える

　第1時では，生徒に目的や読み手に合わせた抽象度で情報を表現することの重要性に気付かせるために，教師が作成した学校紹介文（情報の抽象度が目的や読み手にとってふさわしくないもの）を分析・修正させる学習を行った。そして，この活動を通して見いだした言語技能を「よりよく伝えるポイント」と称し，第2時以降の活動の中で活用させることで，効果的な情報の扱い方について理解を深めさせようと考えた。

　また本授業では，学校ホームページの「受験生の皆さんへ」のページに「生徒の声」として掲載する学校紹介文を作成させた。受験生に伝わる学校紹介にするという課題を設定することで，文章を作成する際に情報の受け手を意識させるようにした。

　さらに課題を確認後，生徒に学校ホームページの「受験生の皆さんへ」のページに「生徒の声」として学校紹介を掲載する目的を考えさせた。生徒からは「受験生に附属中へ入学したいと思わせること」などの意見が出た。生徒に情報発信の目的を考え，共有させることで，この後の活動の中で目的や相手を踏まえて情報の分析などに生徒が取り組めるようにした。

ホームページに掲載する
学校紹介を作成しよう

　宇大附属中のホームページのリニューアルを考えています。「受験生の皆さんへ」のページに「生徒の声」として掲載する学校紹介を作成してください。ただし、容量の関係で三〇〇字までしか掲載することができません。すばらしい学校紹介を期待しています。

130

②学校紹介文の修正箇所を考え，修正する

　生徒が実際にホームページ掲載用の学校紹介文の作成に取り組む前に，第１時ではまず教師が試作した学校紹介文の修正箇所を指摘する活動を行った。生徒は目的や読み手，条件などを意識して文章を分析する中で，「情報の具体と抽象のバランス」という観点に気付くことができた。さ

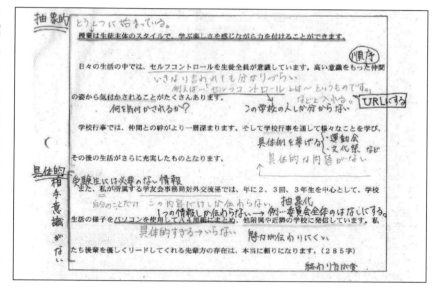

らにグループで意見交換しながら文章の修正案を検討させることで，生徒は情報の扱い方に関するものの見方・考え方を広げたり深めたりした。

③「よりよく伝えるポイント」について考える

　生徒に本時の学びを整理・自覚させるために，「よりよく伝えるポイント」として本時の活動から見いだした効果的な情報の扱い方について生徒にまとめさせた。生徒の記述から，生徒が目的や相手に合った情報の具体と抽象のバランスについて理解を深めている様子を見取ることができた。

- ・相手意識をもって，特色や魅力が伝わるように，内容によって具体的に書いたり，抽象的に書いたりすること。
- ・抽象的すぎても具体的すぎても読み手には伝わらないので，ちょうどよいバランスで書かないといけない。
- ・あえて抽象的にする所，具体的にする所を区別して，相手に合わせて文章を考えるようにしたい。
- ・伝えたいところの具体化，そこまででもないところの抽象化など必要に応じて使い分ける。
- ・字数などの条件のある中で，読み手にわかるように言葉を具体化して説明したり，抽象化して文章を作成したりする。

---

①材料を収集する

　第2時ではまずホームページに掲載する学校紹介文を作成するための材料を収集させた。その際に生徒にイメージマップを活用させた。生徒はこれまでの学校生活の中での体験をもとに，「宇大附属中学校」からイメージを広げていった。

　個人でイメージマップを作成した後，各グループで互いのイメージマップを共有しながら意見交換させた。意見交換を通して浮かんだ新たな考えを色ペンで書き足させたが，図のように多くの生徒が他者との交流を通してイメージを広げていた。

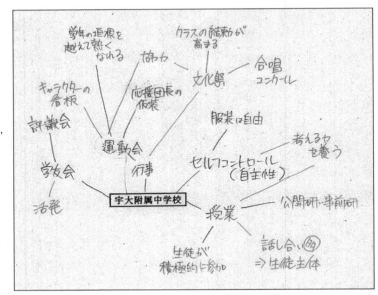

②目的や相手に応じて必要な情報を選択する

　意見交換の後，図のようにイメージマップを活用して収集した情報をトピック（話題）ごとに分類・整理させた。その上で，目的や相手に応じた情報の取捨選択をさせた。

　「目的や相手に応じて情報を選択しよう～『餃子の街宇都宮』のよさを伝えるリーフレット～」の事例で記載したように，生徒は第1学年時に，目的や読み手を意識して必要な情報を取捨選択するという授業を行っており，それを生徒に想起させた。生徒はその単元で身につけた言語技能を活用して必要な情報を選択することができた。

　また情報を分類・整理させる中で，図の生徒のように本単元第1時の学習を踏まえ

て，「情報の具体と抽象」を意識しながらワークシートに情報を整理する姿も見られた。

第 3 時 「よりよく伝えるポイント」を意識して学校紹介文を作成する。

○ホームページに掲載する学校紹介文を作成する

　第3時ではまず，第1時の活動を通して見いだした「よりよく伝えるポイント」を再度全体で共有した。そして前時に整理した情報を基に，目的や相手，条件や場面などを意識させてホームページに掲載する学校紹介文を作成させた。

　私たちはセルフコントロールをモットーとし，自主性を重んじる生活をしています。例えば，附属中には制服や給食がなく，宿題もほぼありません。様々なことを自分で考え，判断していく中で，自主性を育てることができます。

　学校行事も運動会や文化祭だけでなく，公開研究発表会や第九の全校合唱など附属中ならではの行事がたくさんあり，他校ではできない経験ができることも魅力です。

　活発な活動をしている学友会も附属中の特色の一つです。学友会とは他校でいう生徒会のことで，17の委員会と執行部により組織されています。附属中の特徴である「縦のつながり」を大切にし，1〜3年生までが協力して意欲的に活動に励んでいます。

（293字）

　上の文章は，ある生徒が作成した学校紹介文である。

　この生徒は目的意識や相手意識をもとに，「セルフコントロール」や「学校行事」という用語だけでは抽象的すぎると判断し，ホームページを閲覧する受験生に伝わるように内容を具体化している。さらに「学友会活動」に関しては，活動内容を具体的に書きすぎることで情報が読み手に伝わりにくくなると想定し，ほどよい具体と抽象のバランスをとっている。

　この学校紹介文は，生徒が見いだした「よりよく伝えるポイント」の「相手意識をもって，特色や魅力が伝わるように，内容によって具体的に書いたり，抽象的に書いたりすること」や「抽象的すぎても具体的すぎても読み手には伝わらないので，ちょうどよいバランスで書かないといけない」を実際に活用していると考えられる。

　このように「情報の具体と抽象のバランス」を技能として「使う」生徒の姿を学校紹介文から見取ることができた。今後も様々な場面でこの技能を活用させることで，さらなる技能の定着へとつなげていきたい。

（牧野　高明）

宇都宮市内観光コースの提案文を吟味しよう

中学校第1段階		中学校第2段階		中学校第3段階	
意見と根拠の区別	比較・分類	情報と情報との様々な関係	**情報の吟味と効果的な表現**	情報の信頼性	自分の考えを論理的に展開する

1 本単元における「情報」の具体

　本単元の「情報」とは，**【市内観光コースの提案文の根拠】**を指している。自身の立場を明確にし，他者の言説や多様な情報の中から根拠の適切さや妥当性を見極め，自分の意見を伝えるためによりふさわしいものを選択して文章を書くには，その根拠となる情報を精選する力が必要である。「考えの形成」として伝えたいことが読み手によりよく伝わるように，書き手の主張を支える根拠の適切さや妥当性を見極める力の育成を図ることをねらいとしている。

2 対話的な学習活動と情報の扱い方

　本単元では生徒が見いだした「根拠を吟味する視点」を活用し，複数の根拠を比較・検討したり，情報と情報との関係性を見いだしたりする活動を設定した。また，説得力のある文章を書く力の育成を図るため，文章の推敲段階ではグループ活動を取り入れている。個人での主観的な判断に加え，対話的な学習活動を通して得られた客観的な視点を参考に，適切な根拠を選び直したり根拠を書き換えたりすることにより，さらに説得力のある文章の構築が期待される。

3 単元の指導目標

(1) 意見と根拠，具体と抽象など情報と情報との関係について理解することができる。

〔知識及び技能〕(2)ア

(2) 根拠の適切さを考えて説明や具体例を加えたり，表現の効果を考えて描写したりするなど，自分の考えが伝わる文章になるように工夫することができる。

〔思考力，判断力，表現力等〕B (1)ウ

(3) 読み手の立場に立って，表現の効果などを確かめて，文章を整えることができる。

〔思考力，判断力，表現力等〕B (1)エ

(4) 言葉がもつ価値を認識するとともに，読書を生活に役立て，我が国の言語文化を大切にして，思いや考えを伝え合おうとする。

「学びに向かう力，人間性等」

4 単元の評価規準

知識・技能	思考・判断・表現	主体的に学習に取り組む態度
①意見と根拠，具体と抽象など情報と情報との関係について理解している。((2)ア)	①「書くこと」において，根拠の適切さを考えて説明や具体例を加えたり，表現の効果を考えて描写したりするなど，自分の考えが伝わる文章になるように工夫している。 （B(1)ウ） ②「書くこと」において，読み手の立場に立って，表現の効果などを確かめて，文章を整えている。（B(1)エ）	①根拠を吟味したり構成を工夫したりすることに粘り強く取り組み，学習の見通しをもって，わかりやすくて説得力のある意見文を書こうとしている。

5 単元の指導計画（全5時間）

次	時	主な学習活動
1	1	・例文を読み，説得力のある文章とその根拠について考える。 ・根拠の適切さや妥当性を考え，「根拠を吟味する視点」をまとめる。
	2	・提案文について根拠の適切さや妥当性を考え，説得力のある文章の書き方を理解する。
2	3	・課題に沿って意見文を書く。 ・「根拠を吟味する視点」を基に意見文の根拠を吟味し，文章を推敲する。
	4	・意見文を共有し比較，検討する。
	5	・意見文をリライトする。

6 授業の実際と指導の工夫・成果

第 1 時	説得力のある文章や根拠の適切さ，妥当性について考え，「根拠を吟味する視点」をまとめる。

①例文を読み，説得力のある文章とその根拠について考える

　例文A・B（説得力の弱い文）と，例文C（説得力のある文）を提示し，より説得力のある文章にするために必要な根拠とは何かを考えさせた。

　　Ｔ：それぞれの文を読んで，文の根拠について適切または妥当かどうか考えてみよう。

例文A　「最近は，運動嫌いな中学生が増えています。なぜなら，１年生のときのクラスよりも２年生のクラスの方が運動嫌いな子が多いからです。」

　　Ｃ：確かな情報に基づいた根拠とは言えず，他クラスでは逆の状況かもしれないので反論されそう。「最近〜増えている」という意見についての根拠には成り得ないと思う。

例文B　「本校は運動の好きな生徒がとても多いです。なぜなら，私の周りには運動部に入部している友達がたくさんいるからです。」

　　Ｃ：運動部への入部理由には，「運動は苦手だが体力をつけたいから」なども考えられ，必ずしも運動好きな生徒が運動部に入部しているとは限らないため，説得力に欠ける。
　　Ｃ：アンケートや調査結果から割合などの具体的な数値を示すなど，信頼性の高い確かな情報を入れると説得力のある文になると考える。

例文C　「他人の記事を無断でコピーして，自分のホームページやブログなどに掲載してはいけない。なぜなら，他人の作品（著作物）は，著作権法により保護されており，違反すると罰金や懲役が課されるからである。」

→法律の情報を根拠として入れているので，説得力のある文になっていることがわかる。
　※例として他に，科学的な根拠，データや資料的な裏付けを入れた例文を提示。

②根拠の適切さや妥当性を考え，「根拠を吟味する視点」をまとめる

課題1 「A集落派の立場で考えよう」 （※教科書 p.102参照）

　まず，「バス停を新設するなら，A集落かB橋のどちらがよいか」について，地図と資料から読み取れる情報を考えさせるとともに，教師が作成した「A集落派の立場で書かれた説得力の弱い文章」を提示し，説得力のある文章にするためにはどうすればよいか検討し修正させた。

　次に，個人の修正点をグループで共有した上で，説得力のある文章にするための視点を考えさせ「根拠を吟味する視点」をまとめた。その際，根拠の適切さや妥当性を確認するための視点を見いだせるよう助言した。（※以下は「生徒の振り返り」一部抜粋）

・根拠は相手を論破することではなく，あくまで自分の意見を相手に有効に伝えるためにあるのだということを忘れてはいけないと思った。
・根拠のない意見を書いてしまうと反対意見の人に反論されてしまう。相手を説得するには，情報が確かなものを選び，根拠として入れる必要があることがわかった。
・抽象的な言葉で書くと相手に理解してもらえない可能性があるため，なるべく具体的に根拠になぞらえて書くことが大切だ。

| 第 2 時 | 提案文について根拠の適切さや妥当性を考え，説得力のある文章の書き方を理解する。 |

①提案文について根拠の適切さや妥当性を考える

　社会生活に関連のある課題を設定し目的や相手を意識させるために，本校が所属する宇都宮大学と連携関係にある群馬大学附属中学校の生徒が，宇都宮市を訪れた際に本校の生徒が市内を案内する想定とした。そこで事前に，観光テーマに沿って観光コースを提案する文章を作成し，賛成が得られるよう説得力ある文章に直す，という設定とした。

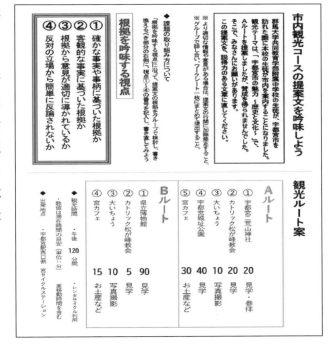

市内観光コースの提案文を吟味しよう

群馬大学共同教育学部附属中学校の生徒が，宇都宮市を訪れた際に本校の生徒が市内を案内することになりました。
観光テーマは，「宇都宮市の魅力〜歴史と文化〜」で，Aルートを提案しましたが，賛成を得られませんでした。
そこで，みなさんにお願いがあります。提案文を吟味して，書き直してください。

※より適切な情報や意見がある場合は，提案文の情報に加除修正すること。
　グループで話し合い（ワークシート）に書くこと。
　この提案文を，説得力のある文章に直してください。

◆課題の取り組み方について
「根拠を吟味する視点」に沿って，提案文の根拠をグループで吟味し，書き換えるべき部分のお願い，視点①〜④の部分を吟味し，書き直してみよう

根拠を吟味する視点

①客観的な事実に基づいた根拠か
②確かな事実や事柄に基づいた根拠か
③根拠から意見が適切に導かれているか
④反対の立場から簡単に反論されないか

観光ルート案

Aルート

① 宇都宮二荒山神社	20	見学・参拝	
② カトリック松が峰教会	20	見学	
③ 大いちょう	10	写真撮影	
④ 宇都宮城址公園	40	見学	
⑤ 宮カフェ	30	お土産など	

Bルート

① カトリック松が峰教会	90	見学	
② 大いちょう	5	見学	
③ 大いちょう	10	写真撮影	
④ 県立博物館	15	お土産など	

・観光時間 ・午後 120 分
・教師は選定時間の目安（単位：分）
　・移動時間を含む ・レンタカー利用
・出発地点 ・宇都宮西川側 宮サイクルステーション

課題２「市内観光コースの提案文を吟味しよう」

○市内観光コースの提案文を確認する

　→観光テーマ「宇都宮市の魅力～歴史と文化～」を基に書かれた提案文について，Ａ・Ｂ各ルートの観光時間や交通手段などの条件も含め，市内地図上で確認させながら，よりよい提案文にするための修正部分をチェックさせる。

○前時にまとめた「根拠を吟味する視点」に沿って，先に確認した提案文をリライトする（個人）

　→複数の根拠を比較・検討させながら，説得力のある文章へとリライトさせた。

○リライトした提案文を共有し発表する（グループ）

　→「根拠を吟味する視点」を踏まえて書き直しているかどうか，検討させた。

②説得力のある文章の書き方を理解する

　グループで検討した結果を発表させ，全体で意見を共有させた。

→全体での意見の交流を通して情報と情報との関係を比較・再検討し，考えを深めさせた。

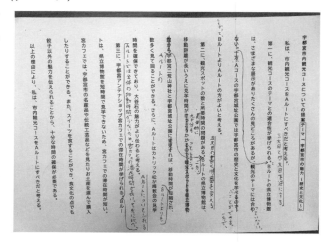

| 第　３　時 | 課題に沿って意見文を書き，「根拠を吟味する視点」を基に意見文の根拠を吟味し，文章を推敲する。 |

①課題に沿って意見文を書く

　これまでの学習内容を踏まえ，読み手を意識した説得力のある文章を書く活動として「地図と資料から読み取れる情報を考え，立場を明確にして意見文を書く活動」を設定した。

課題３「図書館の分館の新設について考えよう」（※教科書 p.106参照）

　図書館の分館一つを新設することになり，その候補地としてＡショッピングモールとＢスポーツセンターが挙げられている。地図と参考資料を踏まえ，ＡショッピングモールとＢスポーツセンターのどちらがよいか，それぞれのメリットとデメリットを分析しワークシートに情報を整理させた上でどちらかの立場を選択させ，意見文を書かせた。

②「根拠を吟味する視点」を基に各自で意見文の根拠を吟味し，文章を推敲する

　書き上げた意見文について各自で読み直しを行い，文章を推敲させた。その際，「根拠を吟味する視点」を基に根拠の適切さや妥当性などについて検討させた。

第 4 時　意見文について意見を交換し，リライトする。

①意見文を共有し比較，検討する

　タブレット（学習支援ソフト「ロイロノート」）を使用し，グループで各自の意見文を共有し，「根拠を吟味する視点」を基に根拠や意見を比較・検討させ説得力のある文章かどうか意見の交換をさせた。生徒は友達の意見文を読み，感想を直接伝えたり，助言を記入したカード（付箋）を添付した意見文を送り返したりするなどを行った。

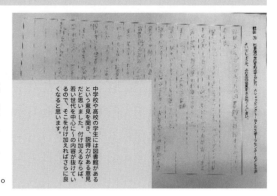

②意見文をリライトする

　生徒は友達からのアドバイスや意見交換をした内容を参考にしながら意見文を再検討して修正を加え，より説得力のある意見文へと仕上げることができていた。

　本単元の学習を通して生徒たちは，説得力のある文章を書く上で，情報と情報との関係性を見いだし，根拠となる情報を精選することがいかに重要かという点を理解できたようである。

（※以下は「生徒の振り返り」より一部抜粋）

より説得力
のある
意見文へ！

・根拠を最優先にして書いた。また，書いてあることが前後で矛盾していないか，反論に押し負けないかをしっかり考えて書くことができた。

・自分の提案が簡単に論破されないように，どうすれば相手を納得させられるのかを考えながら書くのは難しかった。

・自分の考えばかりを書かないよう意識して，きちんと事実と根拠を照らし合わせて調整しながら文章を書くことができた。

・話し合ったことから別の意見の人の利点を知ることができたので，逆にその点を覆す意見を考えることができた。

（渡邊　留美子）

附属中学校を紹介しよう

中学校第1段階		中学校第2段階		中学校第3段階	
意見と根拠の区別	比較・分類	情報と情報との様々な関係	情報の吟味と効果的な表現	情報の信頼性	自分の考えを論理的に展開する

1 本単元における「情報」の具体

　本単元は，目的や相手の関心などを意識して効果的に話の内容を吟味し，場面に応じた学校紹介動画を作成する授業である。そしてこの【話の内容】が本単元における「情報」にあたる。自分の伝えたいことをよりよく相手に伝えるためには，目的や相手の関心などに合わせ，話す内容を選択したり，その内容をどれくらい具体的に（抽象的に）紹介するのか考えて具体と抽象のバランスを調整したり，どの順で伝えるとよりよく伝わるか考えて配列を変えたりするなど，工夫しながら話の内容を扱う必要がある。生徒の「操作的な見方・考え方」を育成し，「参照」するために必要な言語技能を，生徒が言語生活の中で効果的に活用できるようにすることを目的とし，本題材を設定した。

2 対話的な学習活動と情報の扱い方

　本単元では学校紹介動画を作成するために，複数のインタビュー映像の中から場面に合った部分を取り出し，前後の情報とのつながりを考えながら配列する活動を行う。「選択する」，「並べ替える」，「つなげる」などの情報の操作を対話的な学習活動の中で行うことで，生徒は「操作的な見方・考え方」を自覚し，場面に応じた効果的な情報の扱い方について理解を深める。

3 単元の指導目標

(1) 具体と抽象など情報と情報との関係について理解を深めることができる。

〔知識及び技能〕(2) ア

(2) 自分の立場や考えを明確にし，相手を説得できるように論理の展開などを考えて，話の構成を工夫することができる。　〔思考力，判断力，表現力等〕A (1) イ

(3) 言葉がもつ価値を認識するとともに，読書を通して自己を向上させ，我が国の言語文化に関わり，思いや考えを伝え合おうとする。　「学びに向かう力，人間性等」

4 単元の評価規準

知識・技能	思考・判断・表現	主体的に学習に取り組む態度
①具体と抽象など情報と情報との関係について理解を深めている。((2)ア)	①「話すこと・聞くこと」において，自分の立場や考えを明確にし，相手を説得できるように論理の展開などを考えて，話の構成を工夫している。 （A (1)イ）	①粘り強く編集しながら，既存の学習を生かし，場面に応じた学校紹介動画を作成しようとしている。

5 単元の指導計画（全6時間）

次	時	主な学習活動
1	1	・本時の課題を確認し，課題の場面（学年保護者会）について考える。 ・グループで学年保護者会用の動画を編集し，情報の扱い方について意見を交流する。 ・本時の学習を振り返る。 ・次時以降の課題を確認する。
2	2	・各グループで使用場面を決定し，学校紹介動画で扱う話題や内容などについて考える。
	3	・学校紹介動画で用いる生徒のインタビューを撮影する。
	4 5	・動画を編集する。
	6	・作成した学校紹介動画を鑑賞し合い，意見を交流する。 ・動画を修正する。 ・これまでの学習を振り返る。

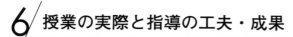

6 授業の実際と指導の工夫・成果

第 1 時　場面に応じて効果的に情報を扱うための観点について考える。

①本時の課題を確認し，課題の場面について考える

> **牧野先生からのお願い**
> 　３年生におこなったインタビューの様子を組み合わせて，<u>学年保護者会で使用する１分程度の動画「生徒が語る附属中の学習」</u>を作成することになりました。どのように編集すれば，よりよい動画になるかアドバイスをください。

　下線で示した部分が，動画を作成する上での条件となる部分である。どのように動画を編集すれば学年保護者会という場面で流す動画としてふさわしいものとなるのか，１分程度の「生徒が語る附属中の学習」という動画にするという条件も踏まえて生徒は考えることになる。

　課題を提示した後，学年保護者会という場面を想像させた上で，「発信者は何のために学年保護者会という場面で『生徒が語る附属中の学習』という動画を流すのか」と生徒に問いかけた。

　Ｔ：発信者は何のために学年保護者会という場面で「生徒が語る附属中の学習」という動画を流すのだろう。
　Ｃ：生徒の学習への取り組みの様子や，附属中の授業の特徴を保護者に知ってほしいのではないか。
　Ｔ：今，「保護者」という言葉が出たけれど，動画を見せる相手は保護者だよね。保護者としては，学年保護者会でこの動画が流れるとしたときに，どんな情報を望んでいるのだろうか。立場を変えて保護者になったつもりで考えてみよう。
　Ｃ：子どもがしっかりやっているのか，積極的にやっているのか，自分の考えをもって意味のある学習をやっているのかを知りたい。
　Ｔ：そのような情報を知ったら，保護者はどんな思いになるのかな。
　Ｃ：保護者は学校での子どもの様子がわからないので，そのような情報を知れたら安心するのではないか。

　このように，課題の場面について想起しその場面について意見交換する中で生徒は，「発信者の目的」や「受信者の求めるもの」について考えを深めていった。

②グループで動画を編集し，情報の扱い方について意見を交流する

　場面に応じた効果的な情報の扱い方について，生徒の理解を深めさせるために，実際に複数の生徒のインタビュー映像の中から必要な情報を取り出し，活用しながら動画を編集する活動に取り組ませた。

　「選択する」，「並べ替える」，「つなげる」などの情報の操作を可視化することで，「操作的な見方・考え方」の自覚を効果的に促すことをねらい，１人１台端末の動画編集機能を活用させ，複数のインタビュー映像の中から場面（目的・相手・条件）に合った部分を切り出し，前後の情報とのつながりを考えながら配列させた。

　端末上で情報を可視化し，インタビュー映像を実際に切ったり，つないだり，順番を変えたりするという「体験」をさせることで，生徒は「情報の取捨選択」，「情報の具体と抽象のバランス」，「情報の配列」などの「場面に応じた効果的な情報の扱い方」についてよりよく理解を深めることができた。

　また共有ノートを使用し，協働的に情報の操作をさせることで，「どの情報をどれくらい使うべきか」，「情報をどの順番でつなげると効果的か」などについてグループ内で活発に話し合い，考えを広げたり深めたりする生徒の姿が見られた。

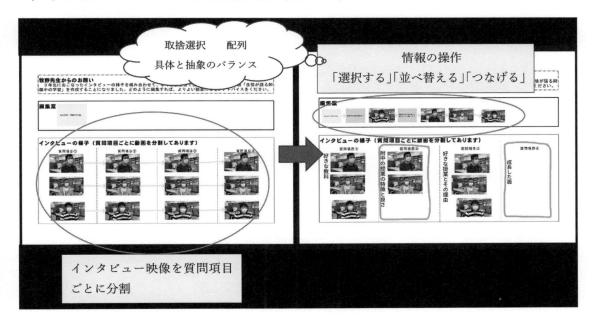

③本時の学習を振り返り，場面に応じて効果的に情報を扱うための観点について整理する

　②の意見交換の後，本時の学びを整理・自覚させるために，生徒に本時の学習を振り返らせ，場面に応じて効果的に情報を扱うために意識すべきことを考えさせた。

　生徒は，場面（目的・相手・条件）に応じた「情報の取捨選択」「具体と抽象のバランス」

「情報の配列（つながり）」を「場面に応じた効果的な情報の扱い方」として挙げており，本時の活動を通して，ねらいとして掲げた，生徒の「場面に応じた効果的な情報の扱い方の理解」を深めさせることができたと考える。

場面に応じて効果的に情報を扱うために意識すべきこと

聞き手が、どのような情報を聞きたいのかを考えて情報を選ぶ必要があると思った。
今回は、附属の特徴だったのでより特徴的な情報を選ぶ必要があると感じたので、必要だと思う情報の中でも取捨選択が必要だと思った。

時間が限られているときはその時間に合わせて具体と抽象のバランスを整える。また、相手がどんな情報を求めているのかを考慮した上で話の流れを意識してつなげるといいと思う

情報どうしの繋がりを考えてどの情報とどの情報を繋げるとより相手に伝わりやすいかを意識する。

- 相手に一番伝えたいことは何かを考え、それに合わせて情報にまとまりを持って相手に伝えること
- 具体例と抽象的な話をいい塩梅で入れ、大まかな話だけになるのではなく、内容を詳しく知ることができるようにする。

- 情報を用いる対象が誰で、何が求められるのか、を意識する。
- 無駄な情報がないように、情報の取捨選択をする。

話の流れを意識する
- 似ている内容の話はまとめて情報を発信する
- 話題が大きく変わる際などは、話題を丁寧に説明するなど情報の移り変わりに聞き手が対応できるようにする

必要な部分を、他の部分とのつながりを考え、順番が変になって聞き手が混乱しないように適した順番に並べる

伝える相手によってどのような表現を使うのか、またどのくらいの情報量を伝えるのか判断することが大切だと思う。
最後に印象に残ることを入れると相手の印象、記憶に残りやすい。

---

④次時以降の課題を確認する

校長先生からのお願い
　３年生のこれまでの学校生活における様々な経験を活かして，３分程度の学校紹介動画「附属中生の声」を作成してほしい。動画使用を考えている場面は次の３つの場面である。
①学校見学　②教育実習オリエンテーション　③地域への回覧

　第１時に整理・自覚した言語技能を活用する場面として，第２時以降の課題を設定した。また，本課題は「校長先生からのお願い」を受け，「学校外の方へ発信」するという課題であり，このような課題を設定することで，生徒の学習意欲を高め，より充実した学習活動ができると考えた。

第4・5時　各グループで選択した場面に応じた学校紹介動画を編集する。

○動画を編集する

　従来の「話すこと」の授業では，話の構成や展開，内容を検討した上でスピーチなどの形式で発信させることが多かったが，本単元では第1時に生徒が整理・自覚した「場面に応じた効果的な情報の扱い方」の定着をねらい，インタビュー動画を撮りためさせ，多くの材料をもった状態から場面に応じてインタビューのどの部分を（情報の取捨選択），どれくらい（情報の具体と抽象のバランス），どの順番（情報の配列）で使うか考えさせながら編集させた。第1時に整理・自覚した言語技能の活用をさせたこの活動は，生徒の「操作的な見方・考え方」の育成や，「参照」するために必要な言語技能の定着につながったと考える。

　また，「学校見学」「教育実習オリエンテーション」「地域への回覧」という場面を設定し，オーセンティックな学びにしたことが生徒の学習意欲の向上につながり，試行錯誤を繰り返しながらより主体的に，より協働的に課題解決に取り組む生徒の姿が見られた。

本単元での努力点（試行錯誤したこと，意識的に工夫したこと） ※生徒の振り返りより

・伝える相手が何を求めているか熟考した。学校見学で来校する人（入学を希望する小学生とその保護者）に対しての動画なので，学校行事などの附属の楽しい情報を中心に編集した。

・視聴者との適切な距離感をもった動画になるよう意識した。教育実習オリエンテーションのときは，実習生は緊張していると思うので，場が和むような要素も取り入れつつ，附属中の特徴を知ってもらえる動画になるよう試行錯誤した。

・編集する上で，情報の難易度を自分たちなりに定めて順序を工夫することで，聞き手を置いていかないように気をつけた。

・学校見学担当だったので，一つのことを詳しく話すよりも，多くの情報を入れたほうが効果的だと考えた。

・時間の条件があったので，特に何を伝えるかグループでよく話し合った。

　実際に学校見学や教育実習オリエンテーション，同窓会行事などで生徒が作成した動画を使用することができ，生徒も教師も充実感の得られた学習活動となった。

（牧野　高明）

社説を書こう

中学校第1段階		中学校第2段階		中学校第3段階	
意見と根拠の区別	比較・分類	情報と情報との様々な関係	情報の吟味と効果的な表現	情報の信頼性	自分の考えを論理的に展開する

1 本単元における「情報」の具体

　本単元では，「プラスチックゴミの削減」に焦点を当てて社説を書くという活動を設定した。そのためには，社説の中で自分が主張したいことを支える根拠が必要になる。よって，本単元における「情報」の具体は，**【自分の主張を支える根拠になりうる「プラスチックゴミの削減」に関する国や行政，企業の取り組みの例】**などである。

2 対話的な学習活動と情報の扱い方

　自分の主張を支える根拠を探すにあたり，生徒はインターネットを利用する。そこに広がる情報は膨大であり，かつ玉石混淆である。そうした情報の中から信頼に足る情報を見極めるにはどのようなスキルを身につける必要があるのか，それらを生徒自身に見いださせる活動を設定した。また，そのスキルを活用して互いが収集した情報の信頼性を確かめさせる活動も設定した。その過程で，他者との対話だけでなく，情報との対話（情報にじっくり向き合う）も意識させた。

3 単元の指導目標

(1) 話や文章の種類とその特徴について理解を深めることができる。　　　　〔知識及び技能〕(1)ウ

(2) 情報の信頼性の確かめ方を理解し使うことができる。　　　　　　　　〔知識及び技能〕(2)イ

(3) 目的や意図に応じて，社会生活の中から題材を決め，集めた材料の客観性や信頼性を確認し，伝えたいことを明確にすることができる。　　　　　〔思考力，判断力，表現力等〕B (2)ア

(4) 表現の仕方を考えたり資料を適切に引用したりするなど，自分の考えが分かりやすく伝わる文章になるように工夫することができる。　　　　　　　〔思考力，判断力，表現力等〕B (2)ウ

(5) 言葉がもつ価値を認識するとともに，読書を通して自己を向上させ，我が国の言語文化に関わり，思いや考えを伝え合おうとする。　　　　　　　　「学びに向かう力，人間性等」

4 単元の評価規準

知識・技能	思考・判断・表現	主体的に学習に取り組む態度
①話や文章の種類とその特徴について理解を深めている。((1)ウ) ②情報の信頼性の確かめ方を理解し使っている。((2)イ)	①「書くこと」において，目的や意図に応じて，社会生活の中から題材を決め，集めた材料の客観性や信頼性を確認し，伝えたいことを明確にしている。(B(2)ア) ②「書くこと」において，表現の仕方を考えたり資料を適切に引用したりするなど，自分の考えが分かりやすく伝わる文章になるように工夫している。(B(2)ウ)	①積極的に集めた情報の信頼性を吟味し，学習の見通しをもって，自分の主張に合う社説を書こうとしている。

5 単元の指導計画（全5時間）

次	時	主な学習活動
1	1	・報道文・コラム・社説のそれぞれの内容と書き方の違いを捉える。
	2	・教師が用意した社説の根拠としてふさわしい情報を選ぶことで，「情報の信頼性を確かめる視点」を見いだす。 ・教師が用意した，情報を適切に扱えていない社説を正しく書き換えることで，「情報の適切な扱い方」を理解する。
	3	・「プラスチックゴミを削減するためにすべきこと」というテーマで社説を書くために，根拠として使えそうな情報を集める（情報を先に集め，その情報に合うように主張を定めてもよい）。 ・「情報の信頼性を確かめる視点」に沿って集めた情報を吟味する。
2	4	・グループで，互いの情報の信頼性を確かめる。 ・「情報の適切な扱い方」を意識して社説を書く。
	5	・「情報の信頼性」と「情報の適切な扱い方」に着目して読み合い，推敲する。

6 授業の実際と指導の工夫・成果

第 1 時　新聞記事の種類の違いを知る。

○報道文・コラム・社説の内容と書き方の違いを捉える

　教科書 p.81 にある新聞記事は、報道文・コラム・社説の三つの文章から成る。その新聞記事を読ませ、はじめに三つの文章の違いについて分析させ、次に、新聞記事に適する文章が報道文・コラム・社説であることとその内容や書き方の違いを確認させた。

　生徒は、2学年次の「正しい言葉は信じられるか」の授業において、事実や出来事を伝える報道文であっても新聞社や記者の主観や思いがその内容に少なからず反映されていること、同じ事実や出来事を伝えるはずの報道文であっても読者に与える印象が異なるということを学び、自分の主観や思いに沿う報道文を書いた。それらの学習を思い出させた上で、本単元では、自分の主張をより明確に表現する社説を書くことが主たる課題であることを告げた。

第 2 時　情報を見極め、適切に扱うための視点を見いだす。

①「情報の信頼性を確かめる視点」を見いだす

　右の図1の上部は、出典に示した内閣府の情報を基に授業者が作成した社説である。その下には図表ア〜オの5点を配置し、社説の主張を支える根拠として適切だと考える図表を二つ選ばせた。そして選んだ理由を考えさせ答えさせることを通して、下記の「情報の信頼性を確かめる視点」を見いださせた。

> （1）情報源
> （2）情報の集め方
> （3）情報の新しさ

　図表ア〜オに含まれる情報はそれぞれ少しずつ異なっており、細部まで検討しないと選べないよう工夫した。

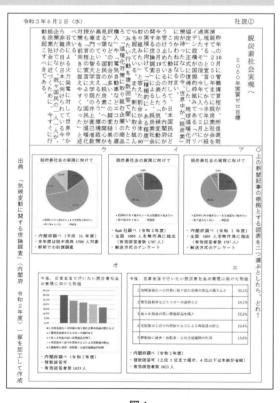

図1

148

② 「情報の適切な扱い方」を見いだす

図2の上部は，出典に示した社説を授業者が改変したものである。特に黒枠部分を，情報を適切に扱えていないおかしな書き方に改変し別資料として配布した（図3）。ここを適切に書き換えさせることを通して，下記の「情報の適切な扱い方」を見いださせた。

ア	情報を誇張しない
イ	情報源の認知度を考慮する
ウ	引用と自分の意見の違いを明確にする

なお，図3の傍線部アは明らかに情報を誇張しているのがわかるようになっており，上記アに対応している。また図3の傍線部イ・ウについては，図2中の薄枠で囲まれた【インタビュー】と照らし合わせることで上記イ・ウが見いだせるようになっている。多くの生徒がこれら3点を見いだすことができていた。

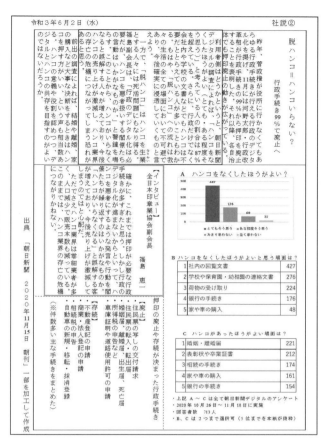

図2

図3

利用者側はどうかというと、朝日新聞デジタルの調査によれば、「ハンコをなくしたほうがよい（とても・ある程度そう思う）」と考えている人の割合は87％を超えている。さらに、行政だけでなく会社内や学校の文書などでもハンコは不要だととらえている人が多いこともわかる。

もはや、「脱ハンコ」への流れは我々の生活の全ての場合において不可避であり、今後確実に浸透していくと言えよう。

一方で、「脱ハンコ」はハンコを生業とする人々には死活問題にもなり得る。福島副会長は、「行政のデジタル化は必要だが、ハンコを悪者扱いする閣僚たちの言動はいかがなものか。」と警鐘を鳴らす。

このことから、ハンコがいらなくなると誤解する人々が増えており、今後ハンコの売り上げが激減し、ハンコ業界の存亡の危機につながってしまう恐れがあると思う。

第 3 時　自分の主張を定め，根拠となる情報を集める。

①社説の根幹をなす自分の主張を定める

　社説のテーマを「プラスチックゴミを削減するためにすべきこと」とした。すでにレジ袋の有料化が定着していたが，レジ袋の有料化以外にプラゴミ削減に寄与すると思われる方策がインターネット上に多数存在するのを確認し，設定した。なお，生徒にとって「プラゴミを削減するためにすべきこと」をいきなり定めることは難しいらしく，多くの生徒が，世の中でどのような取り組みが行われているのかを調べ，それらを参考にして主張を定めていた。

②根拠となる情報を集め，その信頼性を確かめる

　1人1台のタブレット端末があったため，情報収集を教室で容易に行うことができた。前述したように，多くの生徒が②→①という順序で行っていた。

　ある程度情報収集ができたところで，前時に見いだした「情報の信頼性を確かめる視点」に沿って，集めた情報が信頼に足るものかを各自で確認させた。テーマが最近の話題であるプラゴミに関するものだったため，「(3)情報の新しさ」に引っかかることはないように思われたが，「2020年もしくは2021年の情報でなければいけない」と考えてしまう生徒が散見されたため，社会の教科書などに使われている資料を引き合いに出し，ここ数年以内のものであれば(3)を十分満たすことを追加説明した。

第 4 時　集めた情報の信頼性を高めて社説を書く。

①4人グループで互いの情報の信頼性を高め合う

　グループごとに互いの情報の信頼性を吟味させた。自分では信頼に足る情報だと思っても，他人の指摘によって考え直す機会になった。特に，「(1)情報源」について，あまり知名度が高くない団体や企業をそのまま用いようとする生徒に対して，以下のような助言が見られた。

S1　この「○○」って会社，知らないんだけど。
S2　私も知らないけどさ，この会社以外に使えそうな情報がなかったんだもん。
S1　で，この会社はどんな会社なの？
S2　よくわかんないけどちゃんとした新聞記事に載ってた会社だよ。このネットの記事。
S1　ああ，なるほどね。記事のここに，この会社が今までに結構環境問題に取り組んでいるっぽいことが書かれてるよね。だったら，社説を書くときに，会社名だけじゃなくてこの会社がこれまでにしてきたことも簡単に書けばよくない？

以上のようなやりとりから，生徒たちが「情報の信頼性を確かめる視点」の「(1) 情報源」だけでなく，「情報の適切な扱い方」の「イ　情報源の認知度を考慮する」も踏まえて情報を吟味していたことがうかがえる。

また，同じような主張を定めた生徒同士が根拠として使えそうな情報を共有したり，提供された情報を組み合わせた結果主張を変えたりする者もいた。

②社説を書く

「原稿用紙に手書きする」，「タブレット（ロイロノート・スクール）に打ち込む」のいずれかを選択させた。割合は半々といったところであった。条件は図4参照。

第 5 時　書いた社説を推敲する。

○「情報の適切な扱い方」に着目して読み合う

4人グループで社説の読み合いをさせ，「情報の適切な扱い方」を中心に互いに指摘させた。「ア　情報を誇張しない」と「ウ　引用と自分の意見の違いを明確にする」の二つに関しては，ほとんどの生徒が適切に扱えていた。一方で「イ　情報源の認知度を考慮する」については，認知度が高くない情報源についての補助的な説明（図4であれば「国連総会の補助機関であるUNEP」がそれにあたる）が抜けている生徒が意外に多く見られた。しかし，この活動を通してほとんどの生徒が「抜け」に気付き，修正を加えることができた。

プラゴミ削減に向けて　減・過剰包装が鍵

プラスチックを減らそうと，世界が動き出したのはいつ頃だったろうか。1970年に開催された大阪万博では，プラスチックゴミを処理できないため，プラの使用を禁止するという措置がとられた。そして，一般的な容器がガラス瓶からプラスチックに変わった今日，プラスチックゴミの処理やマイクロプラスチックが大きな問題となっている。

国連総会の補助機関であるUNEPが2018年に行った調査によると，分野別プラ生産量で最も多いのは，容器包装で，全体の三分の一以上を占めている。また，環境省が平成27年度に行った廃棄物調査によると，容積比率で，プラ製容器が四割ほどを占め，その他プラの約六倍を超える結果となった。つまり，プラ製容器を使い続ける限り，プラゴミに関する問題は解決しないと言えよう。

では，具体的に私たちは何ができるのか。内閣府が2019年に行った世論調査では，お弁当用の容器や飾り，レジ袋，通販などの緩衝材などについて，半数近くの人が過剰だと感じていることが明らかになった。私たちが消費者の一員として，過剰包装された商品を買わないことも，プラゴミ問題解決につながるのではないだろうか。

（約560字）

〈社説の条件〉
・字数は400〜600字以内。
・テーマは「プラゴミを削減するためにできること」で統一。その中で，自分の主張を定める。
（詳細はワークシート参照）
・見出しは必須。小見出しは任意。

図4

（芳田　潤）

3年 | 話すこと・聞くこと | 書くこと | 読むこと

答辞を書こう

中学校第1段階		中学校第2段階		中学校第3段階	
意見と根拠の区別	比較・分類	情報と情報との様々な関係	情報の吟味と効果的な表現	情報の信頼性	自分の考えを論理的に展開する

1 本単元における「情報」の具体

　本単元における「情報」とは，【他者の言説やエピソード】である。本単元では，「参照力」が身についた姿として「他者の言説やエピソードを引用し，卒業式に読む答辞を書く」活動を想定し，答辞にふさわしい情報の選択や構成について生徒に考えさせた。この場合の「情報の扱い方」は，目的（感謝など自分の思いを伝えることなど）や相手（同級生，後輩，先生，家族など），場面（卒業式）にふさわしい他者の言説やエピソードを本や逸話などから引用し，適切な具体と抽象のバランスで効果的な部分に組み込むことなどを想定した。

2 対話的な学習活動と情報の扱い方

　他者の言説やエピソードを引用して自分の考えや伝えたい情報をよりよく読み手に伝えるためには，ただ他者の言説を文章に組み込むだけでなく，主張を補完する形で，具体と抽象のバランスを調節したり，一部分を取り出したり，構成を変えたりするなど，工夫することが必要である。

　グループで意見交換しながら答辞を修正する第1時の活動の中で，生徒には主張に対する情報の相応しさを吟味するだけでなく，他者の言説やエピソードをどの程度の抽象度で書くのか，どの部分を用いるのか，文章中のどこにいれるのか，なども合わせて考えさせた。対話的な活動を通して生徒が考えを深めたり広げたりする姿が見られた。

3 単元の指導目標

(1) 具体と抽象など情報と情報との関係について理解を深めることができる。

〔知識及び技能〕(2)ア

(2) 文章の種類を選択し，多様な読み手を説得できるように論理の展開などを考えて，文章の構成を工夫することができる。　　　　〔思考力，判断力，表現力等〕B (1)イ

(3) 表現の仕方を考えたり資料を適切に引用したりするなど，自分の考えが分かりやすく伝わる文章になるように工夫することができる。　　　〔思考力，判断力，表現力等〕B (1)ウ

(4) 目的や意図に応じた表現になっているかなどを確かめて，文章全体を整えることができる。

〔思考力，判断力，表現力等〕B (1) エ

(5) 言葉がもつ価値を認識するとともに，読書を通して自己を向上させ，我が国の言語文化に
関わり，思いや考えを伝え合おうとする。 「学びに向かう力，人間性等」

4 単元の評価規準

知識・技能	思考・判断・表現	主体的に学習に取り組む態度
①具体と抽象など情報と情報との関係について理解している。（(2)ア）	①「書くこと」において，多様な読み手から共感を得られるように論理の展開などを考えて，文章の構成を工夫している。（B (1) イ） ②「書くこと」において，表現の仕方を考えたり資料を適切に引用したりするなど，自分の考えが分かりやすく伝わる文章になるように工夫している。（B (1) ウ） ③「書くこと」において，目的や意図に応じた表現になっているかなどを確かめて，文章全体を整えている。（B (1) エ）	①粘り強く文章全体を整え，既存の学習を生かして答辞を書こうとしている。

5 単元の指導計画（全4時間）

次	時	主な学習活動
1	1	・課題を確認し，答辞の役割を考える。 ・答辞に相応しい他者の言説やエピソードを比較・分析し，答辞を修正する。 ・本時の学習を振り返る。
2	2	・目的や相手，場面に応じた内容を吟味する。
	3	・答辞を書く。
	4	・作成した答辞をグループや全体で読み合い，意見を交流する。 ・答辞を修正する。 ・これまでの学習を振り返る。

6 授業の実際と指導の工夫・成果

①課題を確認し，答辞の役割を考える

　本単元では生徒が「参照力」を発揮する具体的な姿を想定し，他者の言説やエピソードをただ文章に組み込むだけでなく，主張を補完する形で，具体と抽象のバランスを調節したり，一部分を取り出したり，構成を変えたりするなど，工夫しながら引用する必要のある課題を設定した。

　　答辞を書こう
　　中学校生活も残りわずかとなってきました。皆さんのこれまでの「想い」をこめて答辞を書きましょう。卒業生だけでなく，在校生，保護者，来賓，教職員みんなの心が震える，すばらしい答辞を期待しています。

　生徒は第1学年時に，目的や読み手を意識して必要な情報を取捨選択するという授業を行い，そして第2学年では情報を目的や読み手に合わせた抽象度で表現するという授業を行っており，本単元の第1時では，これまでに学習した内容を踏まえた上でよりよい引用の仕方について理解を深めさせることをねらいとした。そのために過去に実際使用された答辞を用いて，生徒が答辞に相応しい他者の言説や情報を比較・分析したり，他者の言説やエピソードを引用した答辞をよりよくするために修正したりする活動を計画した。

　また，情報の扱い方（本単元で「情報の取捨選択」「情報の具体と抽象のバランス」「情報のつながりを意識した構成」など）は，目的や相手，場面などによってよりよい扱い方が異なるため，単元のはじめに本単元における目的や相手，場面になどについて生徒に想起させ，全体で共有した。

②答辞に相応しい他者の言説やエピソードを比較・分析し，答辞を修正する

　過去に本校で実際に用いた答辞から他者の言説やエピソードを抜いたものを準備し，生徒に提示した。そして，この答辞をよりよくするために，資料A・Bのどちらを引用するかグループで意見交換させた。各グループともに，目的や相手，場面などを踏まえて吟味する姿が見られた。その後，主張を補完する形で，引用する資料の具体と抽象のバランスを調節したり，一部分を取り出したり，構成を変えたりするなどの修正をグループで検討させた。生徒は操作的な見方・考え方を働かせることで，情報の扱い方について理解を深めた。

「答辞を書こう」ワークシート①

答辞

三年　組　番（　　　）

桃の節句を迎え、弥生の春となりました。この佳き日に、卒業証書を手にし、校長先生からのお言葉や在校生からの送辞を聞くと、改めて卒業を実感するとともに、身の引き締まる思いです。そんな今、ふと目を閉じると浮かんでくるのは、この学校で過ごした三年間の思い出です。

三年前、何もかもが新しく感じられた中学校生活一年目。特に、先輩が中心となって企画、運営された学校行事の壮大さには、驚きとともに、尊敬と憧れを強く感じました。

二年生へと進級しクラス替えが行われ、それまであまり交流する機会のなかった学友のことを、学校生活や行事を通して理解することが出来ました。職場体験学習は、働くことの意義ややりがいを感じ、自分の将来について改めて考えるよい機会となりました。

最高学年として迎えた今年度。新型コロナウィルスの影響で休校をはさみ、五月末から私たちの最終年度が始まりました。修学旅行や文化祭が中止になる中、規模が縮小されて行われた運動会。三学年が縦割りとなって行われた運動会では、一人ひとりがコロナ禍の中で最善を尽くし、それぞれの色や充実感や達成感を味わうことが出来ました。約一か月前から始まった資料作成、キャラクター決定や看板作成、応援内容の検討、色別集会の企画・運営。目標に向かって工夫・改善しながら努力し続ける日々の中で、一日一日、一分一秒を大切にして取り組みました。私たちは運動会を通して改めて学びました。そして今日、多くの思い出を胸に、私たちはこの学び舎を旅立ちます。

保護者の皆様、中学生になり、素直に気持ちを表現できない時がありましたが、どんな時も、一番近くで私たちを見守ってくださいました。そのおかげで、今日この素晴らしい卒業式を旅立ちます。そしてこれからもよろしくお願いします。

先生方。先生方は、時に厳しく、そして時には優しく、私たちを常に正しい方向に導いてくださいました。一人ひとりに「君はどう思うのか」と問いかけるその指導は、常に私たちの心に響き、自分自身で深く考え行動を変えていくことの大切さを教えてくれるものでした。私たちを温かく包んでくれた先生方。三年生を代表してお礼を言わせてください。本当にありがとうございました。これからも、私たちの成長を見守っていただけたら幸いです。

在校生の皆さん。私たちを陰ながらサポートしていただきありがとうございました。附属中は、セルフコントロールをモットーに生徒が主体となって創っていく学校です。そして、私たちが創ってきた土台の上に、学友一人一人が主役となる学校を創っていってください。今後の附属中を牽引していくのは、皆さん一人ひとりです。私たちはこうしてたくさんの方々に支えられて今日を迎えることができました。皆様本当にありがとうございました。

これから私たちは、新たなステージへと旅立ちます。別れは寂しいですが、新たな仲間との出会いが待っています。私たちはこれからも多くの人と支え合い、日々努力し続けます。そしてそれぞれのステージでも金字塔を打ち立てることをここに誓います。

最後に、本日ご列席の皆様のご健康とご多幸を、そして宇都宮大学教育学部附属中学校のさらなる発展と飛躍をお祈りして、答辞とさせていただきます。

令和二年三月〇日

卒業者総代
〇〇　〇〇

資料A

女優の■■■■が年内に結婚することを、所属事務所を通じて1日発表した。相手は同年代の男性会社員で、友人夫婦の紹介で知り合ったという。■■■■といえば、「女性が選ぶ、なりたい顔ランキング」で3年連続で1位を獲得し、殿堂入りを果たすほど女性の憧れである、超人気女優だ。

今から10年前のインタビューの中で、次のように語っている。

「人と比較して勝つのでなく、きのうの自分に勝つ。高校生になった頃にある本で読んで、そのまま■■■■じゃないけど、よく覚えている。人と自分を比較して落ち込んだりするのではなく、きのうの自分と比べて今日はどれだけ成長できたのかに励む。それが■■■■らしさなのだろうか。」

では、どのようにして英語力を伸ばしてきたのだろうか。■■■■は、英語で話す役もたくさん演じている。多忙な中、7年にもわたり自身がCMを担当する英会話教室に通い続けている。2013年から7年間自身がCMを担当する英会話教室に通い続けている。きのうの自分に勝ち続けていくという意識を持つことから始まる。「少しでも時間が出来たら英語をしよう」と意思をもって頑張った結果が7年の継続に繋がり、英語を話す役を勝ち取ったのである。

■■■■は次のようにも語っている。

「最初の一歩は自分が大事なんだと。変わりたいという意識を持つことから始まる。自分から動いて、何かやってみることが大事なんだ。未来を変えたいなら、まずは自分自身のことをとことん向きあって、まだ気づいていない魅力や好きなところをたくさん見つけてあげたい。」

今後も■■■■の活躍にも注目していきたい。

資料B

■■■■が通算2000安打を達成した。31歳10か月での到達は史上2番目の年少記録で、右打者では最年少だ。■■■■といえば、■■■■のキャプテンにして世界大会4大会連続日本代表に選出された、日本プロ野球会を代表する選手だ。

■■■■は以前、次のように語っている。

「一日一日、目標を設定してクリアしていくことが大切。日々の練習、試合前の準備。（チームメートの動きを）見ながらプラスにする。聞きながらプラスにする。」

これだけの偉業を成し遂げているが、■■■■は、今でも全体練習後に家でもバットを握って素振りをするそうだ。また、ストレッチも必ず試合が終わって家に帰ってからも行う。このルーティンを何年も欠かさず続けている。

「打撃も守備も柔軟性は大事。特に僕は体がショートの中では大きいと言われている。柔軟性が失われた時はもう動きづらくなってくると思うから、意識している。」

■■■■は手記に次のように記している。

「本当にここまでいろいろな人に支えられてきた。感謝しています。たくさんの方に影響を受けて今の僕の打撃がある。今でもヒット1本を打った瞬間は本当にうれしい。2000本目の次は2500本。でも2000本打った時もその後はまた2000本の次は1000本打った時から意識してきたことだけを考えていた。その結果が今の数字に違う。1000本打ってきたと思う。その日の試合で1本打ちたいとずっとやってきている。この気持ちのまま、これからもやっていきます。」

この後どこまで記録を伸ばすのか。これから、■■■■の活躍に期待したい。

○目的や相手，場面に合った構成や情報の選択を，構成カードを用いて吟味する

　第2時で生徒に活用させた構成カード（右のワークシート）では，答辞で表現する自分の思いとそれを支える具体的な内容や他者からの引用などを，付箋を使って配列するものとなっている。グループで検討し付箋を並べかえることで内容を吟味し，同時に構成を考えることをねらいとした。

　構成カードを活用し，生徒

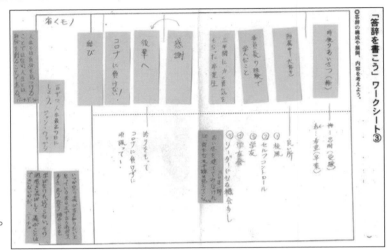

は目的や相手，場面に合った情報を選択し，情報と情報のつながりを意識して，効果的な情報の配列を吟味した。またグループでの意見交換を通して，新たな視点に気付き，答辞をよりよいものにしようと試行錯誤する生徒の姿が多く見られた。

第3・4時　答辞を書く。

①第1時で学習した「よりよい引用の仕方」を踏まえて答辞を書く（修正する）

　実際に答辞を書く際には，よりよい引用の方法などについても意識させ，論理的で目的の明確な「参照」になるよう工夫した。こうした手立てにより，複数の異なる情報を目的に応じて選択・構成し表現するという「参照力」の具体的な姿に迫ることができた。

　さらに第4時では作成した答辞をグループや全体で読み合い，意見を交流させた。その後，図のように答辞を修正し，よりよいものとしようとする生徒の姿が見られた。生徒は対話的な活動を通して，「参照する」ことについてより理解を深めることができた。

②本単元の学習を振り返る

　右図は単元の最終時に，振り返りとして生徒に記入させたワークシートの一部である。本単元は「引用」を「知識・技能」で評価するため，自己評価としてその理解が，生徒自身の中でどの程度進んでいるのかを評価するために行ったものである。このワークシートは1時間目から4時間目までに行ってきた学習内容ごとに学びを振り返らせたものであり，この単元でどのような内容を学習してきたのかが生徒にとっては振り返りやすいものとなっている。特に，3時間目については，1時間目で立てた見通しを踏まえて，それが自分の学びに役立てられているかどうかの意識を問うたものであり，4時間目には学習の自己調整について問うたもので，それぞれ四件法で評価させた。最後の「これまでの学びを振り返って気づいたことや今後にいかしていきたいこと」の記述は，単元を通してどのような学びが得られたのかを見取るために設定した質問であり，自由記述となっている。

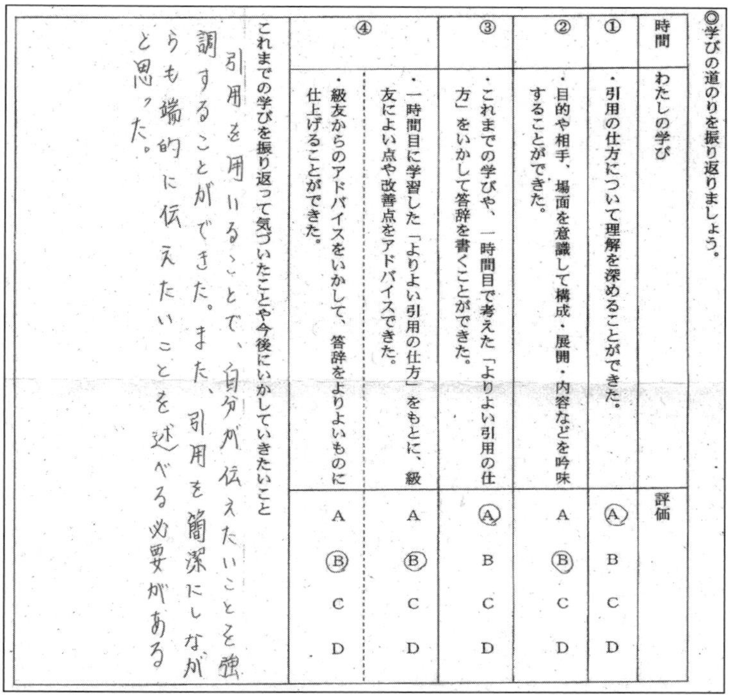

　これまでの学びを振り返ることで，本単元での学びを自覚し，さらに身につけた知識や技能を今後の学びにつなげていこうとする生徒の姿を見取ることができた。

◎学びの道のりを振り返りましょう。（ワークシート その1）

時間	わたしの学び	評価
①	引用の仕方について理解を深めることができた。	Ⓐ B C D
②	目的や相手、場面を意識して構成・展開・内容などを吟味することができた。	A Ⓑ C D
③	これまでの学びや、一時間目で考えた「よりよい引用の仕方」をいかして答辞を書くことができた。	Ⓐ B C D
④	一時間目に学習した「よりよい引用の仕方」をもとに、級友によい点や改善点をアドバイスできた。級友からのアドバイスをいかして、答辞をよりよいものに仕上げることができた。	A Ⓑ C D

これまでの学びを振り返って気づいたことや今後にいかしていきたいこと

引用を用いることで、自分が伝えたいことを強調することができた。また、引用を簡潔にしながらも端的に伝えたいことを述べる必要があると思った。

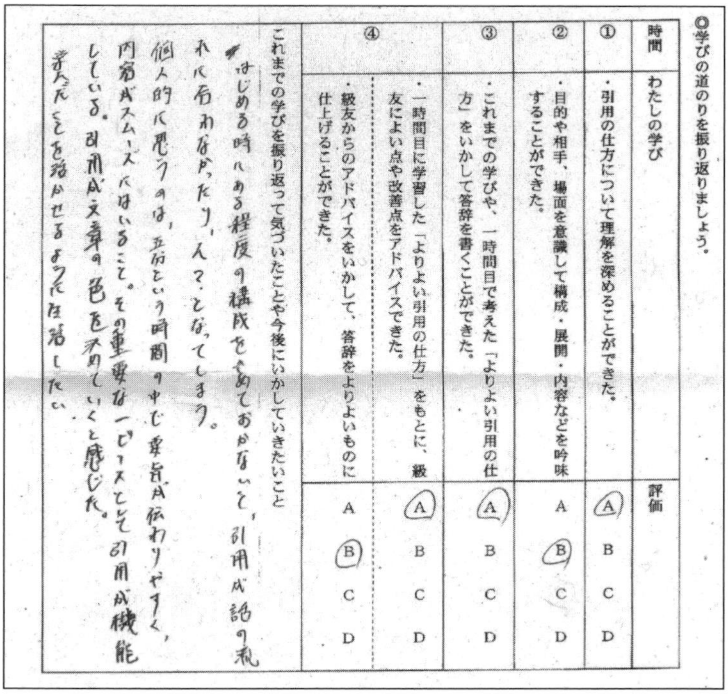

◎学びの道のりを振り返りましょう。（ワークシート その2）

時間	わたしの学び	評価
①	引用の仕方について理解を深めることができた。	Ⓐ B C D
②	目的や相手、場面を意識して構成・展開・内容などを吟味することができた。	A Ⓑ C D
③	これまでの学びや、一時間目で考えた「よりよい引用の仕方」をいかして答辞を書くことができた。	Ⓐ B C D
④	一時間目に学習した「よりよい引用の仕方」をもとに、級友によい点や改善点をアドバイスできた。級友からのアドバイスをいかして、答辞をよりよいものに仕上げることができた。	Ⓐ B C D

これまでの学びを振り返って気づいたことや今後にいかしていきたいこと

はじめる時にある程度の構成を考えておかないで、引用成話の礼になったり、一人一人となってしまう。個人的に思うのは、立案という時間の中で要点が伝わりやすく、内容がスムーズにはいること。その重要なピースとして引用成話の機能している。引用成文章の色を変わりいくと感じた。学んだことを強かせるように生活したい。

（牧野　高明）

4 章

これからの時代の
読み書きと「参照力」

1 / 本書で提案した授業実践の意義と成果

　本書では，「他者の言説や情報を活用しながら自分の考えを適切に表現していく力」として「参照力」を提案し，小中学校９年間の学びの姿を段階的に示しました。情報に対する操作的な見方・考え方の育成を目指し，「情報の扱い方に関する事項」を中心に授業実践を行いました。ここでは，参照力育成の最初の段階である小学校１年生と，最終段階である中学校３年生の二つの授業実践を取り上げて，それぞれの意義を解説し成果を述べます※１。なお，それぞれの授業内容は２章と３章で具体的に示していますが，ここでも一部紹介します。部分的に内容が重複しますが，ご了承ください。

①情報の共通点や相違点を考えることを通して物語の構造と細部を捉え，読書活動につなげる（小学校１年）

　他者の言説や情報を適切に選び取り自身の表現に組み込んで展開していくためには，まず情報をその内容や機能などのまとまりによって捉えることが必要になります。小学校段階においては，まず情報がどのような順序で配列されているかについて理解したり，共通点・相違点を捉え分類したりする活動を基礎的な段階として設定しました。

　ここで取り上げる授業実践は，２章の「第１学年　読むこと　むかしばなしとおともだち」です。この単元は，１章で示した表１『参照力』育成のための段階的な学びの姿」の中の，「小学校第１段階」の「共通・相違」を想定したものです。情報の共通点や相違点を見付ける活動を通して話の大体を捉えることをねらいとした，「読むこと」の授業です。

　共通点・相違点を見付けるという活動は，説明文教材を用いた授業で設定されることが多いかもしれませんが，本実践は昔話を教材にしています。昔話には，洋の東西を問わず類似の構造を持つものがあります。本実践で取り上げられた日本の民話「こめんぶくあわんぶく」は日本版シンデレラと評されており，「シンデレラ」とストーリーが似ています。これら２点を使って以下のような学習活動を行いました（以下は単元の一部です）。

　・話の構造が似ている昔話２点の読み聞かせを聞き，共通点・相違点を見付けてワークシートや模造紙に書き込む。
　・見付けた共通点・相違点を「仲良しカード」にまとめる。
　・同様に対になるような他の昔話を読んで共通点・相違点を見付け，仲良しカードを作る。
　・各自の仲良しカードを友達と見せ合い，面白かったところを友達と伝え合う。

　小学校１年生の段階では，見付けた共通点・相違点をうまく言語化することができない児童も多くいます。二つの昔話を挿絵付きで上下で比較できるよう模造紙に対置して示し，どこと

どこが似ているのか（似ているけどどう違うのか）を書き込んだり，丸で囲んでつなげるような活動を行いました。挿絵を中心に二つのお話を対置して視覚的に比較しやすくすること，そして囲んだり線でつなげたりするという活動によって，どの児童も見付けた共通点・相違点を容易に発表できるよう工夫しています。この学習活動は主にペアで行われ，文と挿絵を見比べつつ，楽しそうに対話しながら共通点・相違点を見付けていました。

その上で仲良しカードには，二つの昔話の主人公の挿絵と吹き出しが示され，「私たちとっても似ているね，たとえば…」に続けてセリフを書く活動を行いました。この仲良しカードを作成することで，見付けた共通点を自分の言葉で言語化することをねらいとしています。登場人物のセリフとして書くことで，小学1年生でも言語化しやすくする工夫があります。

児童が書いた「仲良しカード」には，例えば次のような記述がありました。

> 「わたしたち とても にているね たとえば きれいなふくをきたね うまにのったり くつがぬげたりしたね」

これは，「シンデレラ」と「こめんぶくあわんぶく」を比べ読みした際に見付けた共通点を児童が記述したものです。両者の共通点を作中の語から抜き出したり，自分の言葉でまとめたりして記述していることがわかります。

話の共通点を捉えるという目的を持って比べ読みをすることによって，話の構造や細部に着目しながら読むことができました。ただ筋を追うだけではなく，どこに何が書いてあるかを意識して読むことに必然的につながったのです。共通点・相違点を見付けるという読み方を知るだけでなく，見付けた共通点を友達と伝え合う活動を通して，読書に親しむ態度の育成にもつなげることができました。

このように小学校においては，各単元で扱う「情報」を明確化すること，そして情報活用を必然とし主体的に取り組めるような単元設定を工夫することが必要になることがわかりました。

②必要な情報を適切に組み込みながら，論理的に自分の考えを展開する（中学校3年）

中学校の特に第3学年では，「参照力」が身についた姿を想定し単元を設定しました。ここで取り上げる授業実践は，3章の「第3学年 書くこと 答辞を書こう」です。この単元は，1章で示した表1「『参照力』育成のための段階的な学びの姿」の中の，「中学校第3段階」・「自分の考えを論理的に展開する」を想定したものです。「書くこと」の領域において，目的に応じて必要な情報を適切に示しながら，論理的に自分の考えを展開することをねらいとしています。

本書での「参照する」とは，情報にあたって確認する段階に留まらず，自分の表現に他者からの情報を適切に組み込み多声的に表現することまでを想定しています。そのためには，情報

を選びとるだけでなく，正確に引用したり，適切に組み込んだりするための方法も理解する必要があります。この実践では，「答辞を書く」という中学3年生の学校生活に即した学習活動を設定し，感謝の気持ちを伝えるという明確な目的を持たせ，文種にふさわしい情報を選んで組み込むという言語活動を設定しました。単元展開は以下の通りです。

・答辞にふさわしい情報を理解する。
・答辞に用いる情報を集める。
・引用する情報を考え，目的や相手，場面に応じた内容と構成を吟味する。
・答辞を書き，友達と読み合う。

　中学校3年生の単元を開発するにあたり，「参照力」が身についた姿として「卒業式の答辞を書く」活動を想定し，答辞にふさわしい情報の選択や構成について考えました。まず教師による答辞の例が示され，答辞を構成している情報の種類や配列について理解します。答辞の主たる目的は「お礼の気持ちを伝える」ことですが，その中身は多様な情報によって構成されています。感謝の気持ちだけでなく，時候の挨拶，思い出等のエピソードなどが含まれるのが一般的です。本単元では，さらにそこに著名人の逸話や古人の名言などを引用して組み込むという学習活動を行いました。この引用によって今の気持ちや未来への決意と関連させ，聞き手に印象的にわかりやすく伝えることができます。

　生徒は引用の仕方を理解した上で，どこにどのように組み込んで引用すればよいかについて，付箋とワークシートを使って考えました。以下は，ある生徒が考えた構成です。

①時候の挨拶
②三年間の思い出（エピソード3点）
③感謝の言葉
④これからの決意（ゲーテの言葉を引用）
⑤結びの挨拶

　ワークシートでは，答辞で表現する自分の思いとそれを支える具体的なエピソードや他者からの引用などを，付箋を使って配列しました。答辞に組み込むべき情報を，付箋を使って配列すること，そしてそれをグループで検討し付箋を並べかえることで，「操作的な見方・考え方」を相対的に自覚できることをねらいとしたのです。グループでの付箋の並べ替え活動を通して，内容を深めるだけでなく構成を考えることも意図しました。

　そして実際に答辞を書く際には，よりよい引用の方法などについても意識させ，情報の組み込み方を学びながら，論理的で目的の明確な参照になるよう工夫しました。具体的には，以下

のような組み込み方の手順です。

> ・出典を明示する。
> ・必要なところを抜き出してカギカッコで区切って示す。
> ・必要に応じて引用部を自分の言葉で言い換えたりして，情報の抽象と具体のバランスを考える。
> ・引用部と自分の言いたいこととを結びつける文を入れる。

　こうした手順を意識することにより，タイプの異なる複数の情報を目的に応じて選択・配列して一編の文章を仕上げること，そして他者からの情報を組み込みながら自分の言いたいことを論理的に表現すること，といった「参照力」の具体的な姿に迫ることができました。

　中学校の「情報の扱い方に関する事項」の「イ　情報の整理」では，「情報の関係付け」や「情報と情報との関係の様々な表し方」が指導事項として示されています。こうした指導のためには，単元で扱う「情報」を明確化する必要があること，また文種や媒体に応じた具体的な表現方法と関連させて学習活動を設定する必要があることがわかりました。

2／今後の課題

　上記の成果を踏まえ，今後の課題を2点述べたいと思います。1点目は，参照力を構成する諸要素を，児童生徒の発達段階に応じて再整理することです。「情報の扱い方に関する事項」の指導事項を中心に，1章で「参照力」育成のための段階的な学びの姿（表1）を提示しましたが，実践を重ねるうちに単線的に位置づけられないものもありました。例えば「比較・分類」などはどの段階の情報活用でも必要となりますが，小中学校で目的が異なる場合もあり，また単元における必然性の設定も異なります。これは実践の成果とも言えますが，「情報の扱い方に関する事項」の系統性の再検討にもつながるものと考えます。

　また2点目として，ICT活用等の学習環境を前提とした「参照力」の再検討があげられます。「はじめに」でも述べた通り，本書は宇都宮大学附属小・中学校の国語科教諭，および大学教員から成る「国語科プロジェクト」の実践研究の成果です。コロナ禍になる前にプロジェクトが始動したこともあり，本書で提示した実践例の一部には，ICT活用をほとんど想定していないものもあります。ICT活用が進んだ現在，教室で扱う「情報」の種類や質は変化しつつあります。こうした現状を前提に，何のために何を「参照」するのかについて改めて検討する必要があると考えます。

　学習環境が高度に情報化しつつある中，学習者の読み書きはますます情報活用が前提となり，「多声的な表現」を志向するものになると思われます。本書で提案した「参照力」は，こうした多声的な表現を操作的な見方・考え方で扱うことを目指したものです。「参照力」の根幹に

あるのは，他者の言説に根ざして思考し自身の考えを形成することです。そしてそのプロセス
は，対話的な活動を通して他者の言葉に向き合うことで促進されると考えています。

（森田　香緒里）

〈注〉

※１　本章で取り上げた二つの授業実践については以下の拙稿でも検討を行っているが，ここでは本書全体の成果を述べる目的で再検
　　討し，加筆・修正を行っている。
　　・森田香緒里（2022）「『参照する力』の育成」日本国語教育学会『月刊国語教育研究』No.604, pp.4-9
　　なお，本書で取り上げた実践やその他の学年の実践については，以下のプロジェクト研究概要集（計４報）で詳しく報告してい
　　る。
　　・宇都宮大学共同教育学部・宇都宮大学共同教育学部附属学校園『連携研究プロジェクト　研究概要集』2019・2020・2021・
　　2022年度

おわりに

　本書では「情報の収集・整理」「情報の分析・取捨選択」「情報の活用・発信」といった文言を繰り返し述べ，そのための実践を開発してきました。しかし，対話型生成 AI などが急速に進化すると，そうした情報活用ももしかすると AI が代行してくれる時代がくるのかもしれません。問いかけさえすれば必要な情報が取捨選択され要点をおさえた形で読むことができ，また必要な情報を適切な配列で表現してくれることも可能になるかもしれません。もしそのようなことが可能になった場合，国語科で育てる読み書きの力はどうあるべきなのか。ICT にそれほど強くない私は，なかなか見通せずにいます。

　大学の授業で学生に「教科書に掲載されていない新しい国語教材を開発しよう」という課題を出したところ，興味深いアイデアが提出されました。カール・ブッセの有名な詩「山のあなた」を Google 翻訳したものと，上田敏が訳した従来のものとを読み比べるという提案でした。上田敏訳では，冒頭部は「山のあなたの空遠く『幸』住むと人のいふ。」となっています。ところが Google 翻訳だと「山を越え，遠くまで歩き回る人々は，幸運があると言います。」と出てきます。

　言葉をただ意味を伝達する媒体だと捉えれば，Google 翻訳でもだいたいの内容を理解することはできます。しかし，山の「かなた」ではなく「あなた」と訳している点，「幸」にカギカッコがつけられ，「住む」という動詞がつけられている点に，上田敏の解釈や選択意図が込められ，それがもたらす効果を感受することができます。言葉は伝達媒体であるだけでなく，それを発する人が自らの想の世界を掴み，発信しようと格闘して選んだ結果でもあるのだと，これらの比較から改めて感じています。

　本書を出版するにあたり，明治図書出版の大江文武様には，企画段階から懇切にご支援いただき大変お世話になりました。心より感謝申し上げます。

　また，本書の出版にあたっては，「宇都宮大学共同教育学部附属小学校研究費」および「宇都宮大学共同教育学部附属中学校教育研究助成金」の助成をいただきました。宇都宮大学共同教育学部をはじめ，ご指導，ご支援いただいた全ての方々に感謝申し上げます。

2023年 9 月

森田　香緒里

【執筆者一覧】（執筆順）

森田香緒里　　文教大学文学部教授
　　　　　　　（執筆時：宇都宮大学共同教育学部教授）

見目　真理　　宇都宮大学共同教育学部附属小学校

綱川　真人　　宇都宮大学共同教育学部附属小学校

八巻　　修　　栃木県塩谷町立船生小学校
　　　　　　　（執筆時：栃木県塩谷町立玉生小学校）

南(古西)はるか　栃木県宇都宮市立田原小学校
　　　　　　　（執筆時：宇都宮大学共同教育学部附属小学校）

牧野　高明　　宇都宮大学共同教育学部附属中学校

高橋　功昌　　栃木県教育委員会事務局義務教育課

芳田　　潤　　宇都宮大学共同教育学部附属中学校

渡邊留美子　　栃木県宇都宮市立ゆいの杜小学校
　　　　　　　（執筆時：宇都宮大学共同教育学部附属中学校）

【編著者紹介】
森田　香緒里（もりた　かおり）
文教大学文学部日本語日本文学科教授。博士（教育学）。
お茶の水女子大学文教育学部国文学科卒業，筑波大学大学院博士課程教育学研究科単位取得。筑波大学助手，宇都宮大学共同教育学部教授などを経て，現職。
子どもの作文能力の発達研究，作文指導の国際比較研究などを行っている。
主な著書に，『書くことの指導における相手意識の研究』（風間書房），『レトリック式作文練習法』（明治図書，共著），『新しい時代のリテラシー教育』（東洋館出版社，共著）などがある。

小学校・中学校国語科
「情報の扱い方」の全学年授業モデル
対話を通して育む「参照力」

2023年10月初版第1刷刊　©編著者　森　田　香　緒　里
　　　　　　　　　　　発行者　藤　原　光　政
　　　　　　　　　　　発行所　明治図書出版株式会社
　　　　　　　　　　　http://www.meijitosho.co.jp
　　　　　　　　　（企画）大江文武（校正）奥野仁美
　　　　　　　　　〒114-0023　東京都北区滝野川7-46-1
　　　　　　　　　振替00160-5-151318　電話03（5907）6702
　　　　　　　　　ご注文窓口　電話03（5907）6668
＊検印省略　　　組版所　藤　原　印　刷　株　式　会　社